ゲッターズ飯田の金持ち風水&マインド

ゲッターズ飯田

朝日新聞出版

はじめに

ゲッターズ飯田は見た！
お金持ちには「部屋」と「マインド」に共通点があった！

突然ですが、お金持ちって、どんな人だと思いますか？

「生きている世界が違う」と、まるで別世界に住む人たちを見るかのように、自分とお金持ちとを切り離して考えていませんか？

これまで僕は4万人以上を占ってきて、ときに大金持ちを占ったこともあります。そして、テレビ朝日『お願い！ランキング』で、数億〜十数億円という豪邸を何軒も拝見しました。そこで、お金持ちにはいくつかの**共通点がある**ことに気づいたのです。

「風水は詳しくない」「占いには関心がない」という方が多かったにも関わらず、なぜか皆さん、**自然と風水的にいいことをしていました。**

さらに、「あれ？」と思ったことがあります。

お金持ちの人たちと話していると、**「他のお金持ちが言っていたことと、同じことを言っ**

ているなぁ」と思うことがよくあるのです。仕事の話などを聞いていると、「なるほど、そういうマインドだからお金持ちになるのか！」と思ったことも何度かありました。

それは、同じ出来事を目の前にしたときに、多くの人はここを見るけれど、お金持ちの人はこっちを見ている……というような、ちょっとした見方、考え方の違いです。

この本では、僕が見てきたことに基づき、1章でお金持ちの部屋に共通すること、2章で貧乏な人の部屋に共通することを紹介します。それを踏まえて3章では、日本の風水や中国の風水などから僕が学んだ9つの方位（北、北東、東、南東、南、南西、西、北西、中央）の性質や、その方位の特徴を述べます。また、数々のケーススタディを通じて得た、方角や色の持つ意味・パワーをまとめた表も掲載しています。最後に4章では、風水だけにとどまらず、お金持ちに共通する考え方、つまり「お金持ちマインド」をお伝えしたいと思います。

お金持ちになれるかどうかの第一歩は、行動するかどうかです。

ムダに悩まずに、覚悟を決めて行動する。お金持ちはこれを自然と行っていました。まずはあなたも、お金持ちが自然とやっている風水とマインドをマネしてみませんか？

自然と行えるようになるコツがこの本には詰まっています！

『ゲッターズ飯田の金持ち風水』
もくじ

※この本の内容は、ゲッターズ飯田氏の経験に基づく考え方をまとめたものです。
この本で紹介している内容は科学的裏づけがされているものではありません。

［装丁］ 新上ヒロシ(ナルティス)
［デザイン］ 原口恵理／上野友美(ナルティス)
［イラスト］ オカヤイヅミ
［編集］ 鈴木久子(ケイ・ライターズクラブ)
［協力］ テレビ朝日『お願い!ランキング』

1章

お金持ちに共通していること【お部屋編】

「マネる」は「学ぶ」こと。やってみると見えてくる！

1章ではお金持ちの部屋、2章では貧乏な人の部屋について、何軒ものお宅を見るうちにわかってきた「共通点」をご紹介します。その前に、「お金持ちと貧乏では、やはり正反対なんだ！」と思ったことを、先にまとめておきましょう。

【金持ち】物が少なくすっきりしている ⇔ 【貧乏】物が多くごちゃごちゃしている

【金持ち】ムダを減らして合理的 ⇔ 【貧乏】ちぐはぐな使い方が多く非効率

【金持ち】清潔感がもたらす心理的影響に敏感 ⇔ 【貧乏】不潔で汚いことに麻《ま》痺《ひ》している

ところで風水では、「掃除で開運する」などとよく言います。なぜだと思いますか？

ここでもう一度、右の項目を見てみてください。

そうです、【貧乏】の項目は、すべて掃除をすれば解決することなんです。

もしも掃除を、「散らかっているものを押し入れにしまうこと」「棚に並べ直すこと」と思っている人がいたら、それは根本的に間違っています。

まずは**「物を減らすこと」**から始めてみてください。

「物を減らす」と、掃除がしやすくなります。物が探しやすくなります。目に入る余計な情報が減ります。これは**【金持ち】**の共通点にもある、**「合理的に生きる」**につながります。

必要なものを見極める力、効率よく考える力、ムダを省く力。物の少ないすっきりとした部屋を保つことで、これらの力が自然と鍛えられ、目標に早く到着できるわけです。

お金持ちは「人生には限りがある」ことをよく理解しているので、ムダを徹底的に省いていました。たかが部屋、されど部屋です。お金持ちの部屋には人生哲学を感じます。

風水は、空気の流れを扱う学問です。空気とは、「空《から》」の「気」と書きます。どんな空気を家の中に流すかで、住人の心と体は変わっていきます。空気が淀《よど》んで暗く、じめじめしたカビ臭い場所にいると、自然と気持ちは沈んでいきます。**「自然と受けている影響」**が積み重なって、いつの間にか、それが当たり前になってしまうのです。そう考えると、**【貧乏】**の項目にあるような環境にいれば、気づかぬうちに頭が混乱していくような気がします。

今の部屋が自分の心や体にどんな感じを与えているか、一度、振り返ってみてください。誰だって心地がいいのは、明るくてきれいでいい匂いの部屋でしょう。まずは、**「心地がいい」**と思える部屋にすることが、人生を変える第一歩です。

心地のいい部屋に住むと、元気、勇気、やる気がみなぎります。それは**「空の気」に前向きな「気」が加わる**から。

お金持ちの部屋の哲学をマネすれば、あなたの部屋の「気」にも「お金持ちマインド」が加わるはず。「学ぶ」の語源は「真似《まね》ぶ」だとも言われます。つまり、「マネる」は「学ぶ」こと。マネしてみるだけで、お金持ちマインドがわかってきますよ！

お金持ちのお部屋01

RICH

お金持ちは「玄関に鏡」を置いている

お金持ちの家を訪ねて、ほぼ100％共通していたのが、「玄関に大きな鏡がある」ことです。全身が映るサイズは基本ですが、とにかく大きな鏡が多かった！

なぜ、お金持ちが大きな鏡を持っているのか。それは「鏡＝己《おのれ》」だからです。つまり、鏡で自分を確認することの大切さを知っているのです。

例えば、出かける前に玄関の鏡を見て「あ、襟《えり》が曲がっている。これでは失礼だ！」と気づけるかどうか。これが、お金持ちになれる人か、なれない人かの分かれ道。人を不愉快にさせる行為、がっかりさせる行為を無意識にしていては、「人の気持ちを考えられない人だ」と全身で表現しているようなもの。その無神経さが、どれだけ自分の評価を下げるか……。お金持ちは、その怖さを知っている

お金持ちマインド

自分を確認する。それは人を気遣い、自分を知ること!

のです。

ですから、自分が人の目にどう映っているかに気づき、相手の気持ちを察して、そのうえで気遣いをする。お金持ちはそれが自然とできる人なんだと思います。

玄関だけでなく、各部屋にいくつもの鏡を置いているお金持ちもいました。鏡を見れば見るほど自分の見せ方がわかってくるので、自然とそれができる部屋になっているんだなと感じました。

大きな鏡が置けない家は、「こだわりの鏡」を置いてください。あるお金持ちは、古いけどお気に入りの鏡を大切にしていました。鏡にこだわれることが大事なんです。それはすなわち「自分にこだわれる」ことだからです。

また、**風水的にも玄関は明るい方がよく、鏡は光の代わりになるとされている**ので、玄関に鏡を置き、きれいに磨きつつ、毎日見ること。お金持ちの鉄則としてマネしてみてください。

お金持ちのお部屋02
RICH

お金持ちは「ティッシュ」を見えるところに置かない

お金持ちの家に行って気づいたのが、ティッシュが見当たらないこと。

「なぜですか?」と尋ねたところ、「目障りだから」、もしくは「あると使っちゃうから」という人が多かった!

お金持ちはムダを嫌います。ティッシュがある→あると使ってしまう→ゴミが増える→ゴミにスペースを割くのはムダ、という思考です。

ですから、たいていのお金持ちの家ではティッシュを引き出しにしまっていました。僕もマネして家のティッシュを隠してみたら……。見えないと意識にのぼらないので使わなくなるものです!

風水でも、**「紙は気を吸う」**と言い、**古新聞、古雑誌を置きっぱなしにすると湿気を吸って空気が淀《よど》む**とされています。紙袋やチラシなど紙は意外と多いもの。減らすよう意識してみてください。

お金持ちマインド

「つい使ってしまう」といったムダな行動はしない!

お金持ちのお部屋03
RICH

お金持ちの家には「ゴミ箱」がない!?

床にゴミがないと掃除がしやすくなる!!
すーーい
ゴミ箱

お金持ちマインド

ゴミに自分の時間を使わない!

お金持ちの家に見当たらなかったものがもう一つあります。それは、ゴミ箱です。

台所などごく一部にはありますが、各部屋にポンポンと置かれてはいません。引き出しの中や見えない場所にしまわれていることが多く、ほとんど見つけられない、と言ってもいいのではないでしょうか。

なぜゴミ箱がないか。これもティッシュと同じで、ムダを省くためです。ゴミ箱が目立って置かれていると、「ゴミを出す」という意識になってしまうため、その意識を排除しているのです。

家にゴミをできるだけ持ち込まないと思っていれば、コンビニの袋を「いりません」と言えるし、ムダな包装も断れます。**お金持ちはゴミに1秒たりとも自分の時間を使いたくないのです。**なぜなら、ゴミはゴミにしかならないから。「捨てる」という労力を作る、邪魔なものでしかないからです。

その調子!!

お金持ちのお部屋04

RICH

お金持ちからは「いい匂い」がする！

派手じゃないのにラグジュアリーなかほり……
くん

お金持ちマインド

お金持ちは人間心理に敏感。香りは人の心を動かす武器になる！

お金持ちの人は、匂いに敏感です。「これ、いい匂いですね」と必ず気づいて言います。そして、皆さん好きな香りがあって、各部屋にいい香りを漂わせています。

これは、**「清潔感が大事」**という精神につながります。お金持ちは、人が気持ちよくお金を払いたくなる心理をよく理解しています。そのうちの一つが、清潔感です。

例えば、同じ料理をいただくのでも、汚いお店ときれいなお店とでは、気持ちよくお金を払いたくなるのは後者でしょう。いくら料理がおいしくても、汚いお店では、お金を払う気持ちも失せるものです。

人間って、ちょっといい匂いがするだけで、気分がよくなったりお金を払いたくなったりする……。お金持ちはそうした心の機微をわかっているのです。

その調子!!

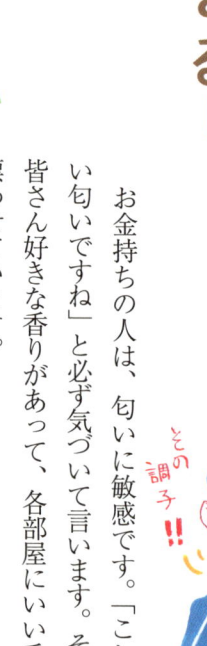

お金持ちの
お部屋05
RICH

お金持ちは「玄関に靴を1足だけ」しか置かない

お金持ち
マインド

迷う、探す、その時間がムダ！

お金持ちの家かどうか、行った瞬間にわかるチェックポイントがあります。それは、**「玄関に靴がどれだけ出ているか」**です。お金持ちの家の玄関に、靴は1足（もしくは住人の数）程度。履く靴以外は出ていません。

一方、貧乏な人の家は、所狭しと靴が並んでいることが多い。狭い玄関なのに靴の占める割合が高いのが特徴です。

お金持ちは、どの靴を履こうか……などと一瞬でも迷う時間をムダと考えます。いつも履く靴だけ出しておけば迷いませんし、他の靴を選ぶときは、収納された中から選べば効率的です。ごちゃごちゃと置かれた靴を上から見るのは、気持ちが惑わされるため、実は非効率です。

風水で玄関は「仕事運」を表します。ごちゃっとした玄関の人は、仕事も頭も整理されていないのが丸わかりです。

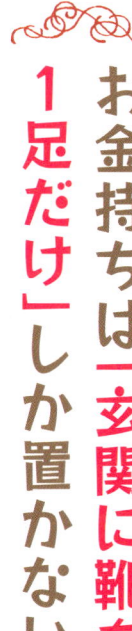

お金持ちの
お部屋06

お金持ちは「本」を重ねない

お金持ちマインド

読まない本を、置いている土地代の方が高い！

お金持ちの人って読書家が多いんです。忙しくても時間を見つけてはよく本を読んでいますが、**読み終わった本はすぐに捨てるか、人にあげる**そうです。

これも「なぜすぐ捨てるのか？」と聞いてみたんです。答えは、**「読まない本を置いているスペース（土地代）の方が、本の原価より高いから」**だそうです。読まない本を2年も3年も置いていたら、その面積は本の値段を超えると、すぐに気づく。そのくらい、そろばんのはじき方がうまく、原価計算に敏感なのがお金持ちです。だからこそ、お金持ちになれた、とも言えるでしょう。

必要になったら、どこに置いたっけ、と探すより、買い直した方が早い。探す時間を徹底的になくすこと。この考え方に共感できた人は、お金持ちのマインドに近いかもしれません。

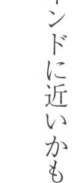

お金持ちのお部屋07
RICH

お金持ちは「丸み」のあるものが好き

お金持ちマインド

ストレスや危険など、必要ないものは徹底的に排除！

家具に注目して見てみると、お金持ちの家には丸みのある家具が多いことに気づきました。お金持ち特有のセンスがあるのかと思い、聞いてみたところ、「鋭利なものはストレスになるから」「危ないから」という理由でした。

リラックスできる家にするには、ストレスを感じるものは極力排除した方がいい。そう、お金持ちは徹底的な合理主義者なんです。いくらスタイリッシュな家具でも、尖った角にぶつかってケガでもしたら自分のパフォーマンスが落ちるだけ。そんなムダな要素のある物を家に置く必要はない。そのくらい実利重視で物事を考えます。

また、お金持ちはホームパーティーをする人がとても多いです。「ストレス」や「危ない」要素をなくすのは、訪れる人への気遣いでもあるのでしょう。

お金持ちの
お部屋08

お金持ちは「ゴールドのアイテム」を持っている

お金持ちには、「ゴールドが好き」という共通点があります。

服装や身につける物にゴールドを取り入れる人も多いのですが、家の中にも必ずと言っていいほど、ゴールドの物がありました。

ゴールドという色には、**「明るいリーダー」「独立心、向上心がある」「野心家」**といったパワーがあります。確かに、この色が好きなお金持ちは経営者の方が多かったですね。

「ゴールド＝お金」とベタに連想させますが、**「ゴールド＝高級感」**のムードも喚起させます。これが意外と大事！

日々ゴールドを目にしていると、高級な雰囲気が心地よくなり、「そうなろう！」と自然とマインドコントロールされていくのです。お金持ちになりたかったら、絶対に身につけたり近くに置いたりした方がいい色です。

お金持ちマインド

独立心、野心のある明るいリーダーは、ゴールドが好き！

お金持ちのお部屋09

RICH

お金持ちの財布は「緑」か「黒」が多い

お金持ちマインド

芸術家肌は黒。人と共存するお金持ちは緑を味方に！

「黄色の財布にするとお金が貯まる」とよく聞きますが、実際にいろいろなお金持ちに財布を見せてもらったところ、「黄色」はほとんどおらず、「緑」や「黒」ばかりでした。

黄色はゴールドに近い色なので、お金を意識づける作用はありますが、色のパワーとしては、「継続力に欠ける」「おっちょこちょい」という側面も。

緑色には**「礼儀正しくまじめ」「面倒見がいい」「目的意識が高い」**といったイメージをもたらす作用があるため、社長や経営者に必要なパワーがあると考えます。黒は、**「芸術的才能がある」「集中力」「知的好奇心アップ」**という、職人気質な仕事の能力を高めてくれる色。

人に好かれる必要がある仕事には緑色の財布が、人づきあいは苦手でも自分のセンスでお金を稼ぐ、という人には黒の財布が、成功を手助けしてくれます。

お金持ちのお部屋10

お金持ちは「白」をよく使う

あえての白シャツで
自分に緊張感を!!

お金持ちマインド

清潔感、信頼感は、お金持ちの絶対条件！

前述した「ゴールド」「緑」「黒」をただ使えばいいという話ではなく、目的に合わせて使う、自分の弱点を補うために使うなど、お金持ちは上手な色の使い方を、自然と行っていました。

中でも、**「白」は最強**です。白は、**「正義感が強い」「まじめで正直」**という側面をアピールしますが、何より**「清潔感」**を感じさせてくれます。清潔感は、お金持ちの絶対条件です。

ある会社で、営業職の人に白シャツを着させたら、売上げが伸びたという話を聞きました。おそらく白シャツの印象で、営業マンがまじめで信頼できる人に映り、扱っている商品への信頼度も増したのではないかと思います。そのくらい、白は相手に対していい印象を与えるので、僕もよく「困ったときは白がいい」とアドバイスをしています。

清潔感のある人には誰もが好感を抱きます。さらに**信頼を得られる色。**だから白は強いのです。

その調子!!

ゲッターズ飯田流！

運気アップカラー活用法

4万人を占ってきたケーススタディーをもとに、色が象徴することをまとめました。
人との関係を重視しているお金持ちは、色の特徴をうまく味方にしています。
まずは自分の“必要なもの”を振り返り、「何を強め、何を控えめにするか」を考えてみてください。

GOOD
そのパワーが欲しいとき、または自分の気質に足りないときに使うといい色です。

BAD
使い過ぎたり、もともとその気質が強い人が使ったりすると、パワーが強くなり過ぎて悪い面となって出ることがあります。バランスよく使いましょう。

色	GOOD	BAD
レッド	前向きになれる。負けず嫌いになる。職人や技術者によい。	他人の意見を聞けなくなる。プライドが高くなる。
オレンジ	明るくなる。仲間や人間関係がよくなる。人気を集める。	目立ち過ぎてしまう。おしゃべりでひと言多くなりやすい。
ピンク	甘え上手になる。上品で気配りがうまくなる。恋愛運によい。	ナイーブになる。傷つきやすくなる。決断力に欠ける。
イエロー	判断能力がアップする。表現が豊かになる。勘がさえる。	怒りやすくなる。継続力に欠ける。おっちょこちょい。
グリーン	礼儀正しくまじめで面倒見がよくなる。お金が貯まりやすくなる。	空回りしやすい。噂に弱い。攻められると弱い。
ブルー	まじめで情報処理能力が高い。冷静。職場で頼られる存在になる。	面白みに欠ける。理屈っぽくなり過ぎる。
ダークブルー（紺）	知的で品がある。好きなことには一途。リーダーには◎。	融通が利かなくなる。厳しくなり過ぎる。
ターコイズ	明るく前向きになれる。自由を好むようになる。視野が広がる。	協調性に欠ける。子供っぽくなる。
パープル	神秘的で独創性が高い。芸術的感性が豊かになる。	二重性格。本音が見えない。プライドが高い。
ホワイト	正義感が強い。まじめで正直。	嘘がヘタ。まじめ過ぎて損をする。
ブラック	芸術的才能がある。集中力が高まる。知的好奇心がアップする。	他人を受け入れない。威圧的。人をバカにする。
ブラウン	ゆったり自然派。温和で庶民的。古い考えを大切にする。	派手が苦手。新しいことが不得意。ルールに縛られる。
グレー	平和主義。道徳心がある。安定感がある。	影が薄く消極的になりがち。閉じこもりやすい。
ゴールド	明るいリーダー。我が道を行く。独立心・向上心がある。野心家。	親に対するコンプレックスがある。敵が増える。
シルバー	冷静沈着。クール。観察能力に長ける。	控えめな印象になる。目立たない。考え過ぎる。

COLUMN 1

お金持ちの豪邸を鑑定！

～テレビ朝日『お願い！ランキング』より～

高嶋美里さん宅

ゲッターズ飯田が見た！
お金持ちが実践していた風水

一、女性が輝ける南向きで執筆していた！
一、運気を上げる「鏡」が玄関にあった！
一、情報を発信する机が東向きだった！

「風水や占いは信じていない」という高嶋さん。それなのに、これだけ運のよい部屋を自然と作っているなんて、さすがです！

profile **高嶋美里**

遊雅セレブリティ代表取締役。ネットを使った在宅ビジネスやそのノウハウを生かした執筆活動で、子育てをしながら年商３億円を稼ぐ。運営するオンラインスクール「シビスアカデミー」では通信制高校と連携し、ネットビジネスを学んで高校卒業資格の取得を日本で初めて可能にした。不登校の人たちが成功できる道筋を作り、100名を超える受講生がゼロから年収１千万円以上になっている。

鋭い勘で10億円豪邸を即買い！

高級タワーマンションの６１０平米の豪邸に住む高嶋さん。入るとすぐに、「お金持ちの家は玄関が広い」という共通点を発見。なんと、30畳の広さだとか。

長い廊下を進むと、お客さま専用ダイニングルームがあり、「お金持ちの家にはパーティールームがある」という共通点もクリア。また、高嶋さんは飲めないのに客人用のワインセラーがあるところに、お金持ちに共通のマインド、「人を喜ばせたい精神」が見られました。

東京が一望できる50畳のメインルームは、南と西側の全面が窓。窓からレインボーブリッジのS字カーブを見た瞬間、値段を聞かずにこの部屋に決めたそう。金額はなんと10億円！　本の執筆をするデスクは、「女性が力を発揮できる南の方位」に置かれていて、「執筆活動にも一番いい南向き」で仕事をしていました。さすが、お金持ちは自然と風水的にいいことをしています。

さらに僕が発見したのは、「この家には鏡がたくさんある」ということ。これも風水ではよいこと。10歳のお子さんが高嶋さんに教わりながらネットビジネスを手伝い、月に80万円稼いでいるというデスクも、情報を発信するのに一番いい「東向き」。ほとんど「よい方位」を使っていて、高嶋さんの勘の鋭さに驚きです。

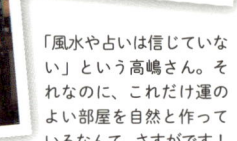

2章

貧乏さんに共通していること【お部屋編】

貧乏さんのお部屋01
POOR

貧乏な人の家は床に直《じか》置《お》きしている物が多い

貧乏脱出マインド
物に感謝の気持ちがあれば、あるべきところへ片付けられる！

貧乏な人の部屋で多いのが、**物が「あるべきところ」に置かれていない**こと。

例えば、テレビを床に直置きしていたり、ドライヤーが床に転がっていたり……。

「それはないでしょ！」と思ったのは、炊飯器が床に直置きされていたこと。床はホコリが溜《た》まりやすいですし、小さなゴミだって自然と下に落ちていきます。日々のごはんを足元に置くなんて、食べ物への感謝がなさ過ぎます！

食べ物は、未来の自分への投資です。**「食」を大切にしていないのは、自分を大切にしていないのと同じです。**

物を「使えればいい」と雑に扱っていると、そのまま人に対しても同じような考え方をするようになるでしょう。

人間だって自分に合った場所で生かされたいもの。それなら物もあるべき場所に片付けましょう。

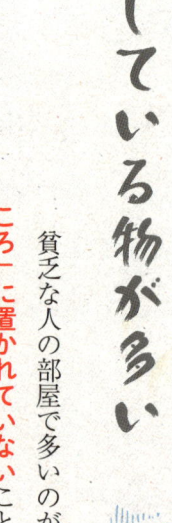

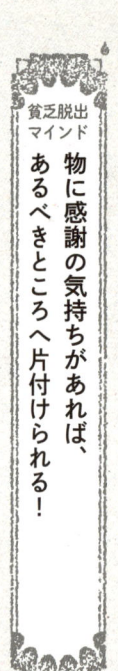

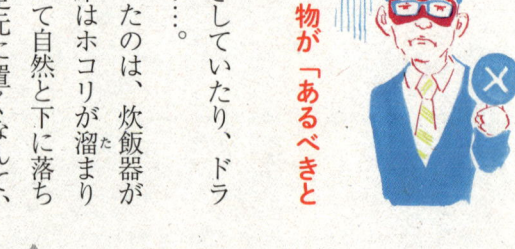

貧乏な人の家はカーテンレールが物干し代わり

貧乏脱出マインド
湿った服、汚れた服で窓を覆っては、よい気が入ってこない！

カーテンレールにズラッと洗濯物を干している人がいますが、これもお金持ちになれない人のやりがちなことです。

風水とは、「気の流れ」をよくして、太陽の光、新鮮な空気を取り入れることを重要視しますが、取り入れる場所の一つが窓です。そこに濡《ぬ》れた洗濯物を掛けていれば、湿った空気が部屋に入ってきますし、汚れた洋服を掛けていれば、汚れた空気が入ってきます。そもそも洋服で窓が覆われていては、風通しも悪くなるはずです。

もう一つ、「本来の用途と異なる使い方」という点でもよくありません。カーテンレールはカーテンを掛けるところ。着ない服はきちんと収納し、洗濯物は乾いたらしまいましょう。干した洗濯物の中から着る服を探す、という人もいますが、ランダムに干した中から探すのは意外と非効率なはずです。

貧乏さんのお部屋03
POOR

貧乏な人は持ち物が多い！

貧乏脱出マインド

身軽になった方が、できることが増える！

お金持ちの家と、そうではない人の家を何軒も訪ねているうちに、ひと目でわかる違いをいくつか見つけました。その一つが、**「貧乏な人ほど、持ち物が多い」**ということです。

まず、お金持ちの家は物がきちんと収納されて隠れているので目につきません。一方、貧乏な人の家はごちゃっとしていることが多い。目に見えるところに物が多く出ていて情報過多なんです。

実は、お金持ちの持ち物は平均7000アイテムと言われているのに対し、貧乏な人は平均8000~13000アイテムと言われています。つまり貧乏な人の方が持ち物が多い！

「使うかもしれない」と捨てないのが貧乏な人、「使うときにまた買えばいい」と捨てるのがお金持ち。お金持ちは**物が少ない方が身軽で効率的**と思い、**身軽になれば余裕が生まれ、次のビジネスに時間を使える、**と考えるのです。

貧乏さんのお部屋04
POOR

貧乏な人の家はトイレが殺風景

お金持ちの家と貧乏な人の家で大きく違うのは、トイレの雰囲気です。

お金持ちの家のトイレは、何か飾ってあったり、壁やマットに暖色が使われていたりと、入ると清潔で温かい雰囲気がするのですが、貧乏な人のトイレは簡素で冷たい印象。マットが古びていたり、汚れていたり、「あまり手入れが行き届いていないな」と感じることが多かったですね。

トイレは健康を守る場所。**殺風景な場所に長時間いると気持ちも殺伐としてきます。**部屋の雰囲気が気持ちにもたらす影響は大きいのです。

また、トイレを清潔にしたとしても、**「トイレで読書」はいけません。**なぜなら、トイレという場所ですることではないからです。台所で寝る人がいないように、その部屋の目的にあった行為をすることが健康的な生活につながります。トイレで長居すると冷えますからね！

貧乏脱出マインド

トイレは清潔に保ち、場所にそぐわない行為はしない！

貧乏さんのお部屋05
POOR

台所、トイレ、お風呂、洗面所が汚れている

貧乏な人の家は、台所、トイレやお風呂、洗面所など、**「水場」が圧倒的に汚い。**「掃除していないな」とすぐにわかるほどで、初見の僕が見ても驚くのに、住人はその汚さを何とも思わずに生活していて、汚いのが普通になってしまっている。

トイレやお風呂などの掃除は、部屋の掃除より後回しになりがちですが、毎日使っている場所です。そこに気を遣えないということは、**自分の体にも気を遣えない人**ということです。

貧乏脱出マインド

「汚くても平気」という感覚から抜け出そう!

貧乏さんのお部屋06
POOR

鬼門《きもん》(北東)にトイレやお風呂がある

「鬼門」※とは北東のこと。日本の風水では、鬼門にトイレ、お風呂などの水場が来るのを避ける風習があります。なぜかというと、**北東は日の光が当たらない、冷える場所だから**です。日が当たらず、暗くて寒い場所に水場があると、湿気やカビが発生します。健康をつかさどるトイレやお風呂が不衛生かつ寒さを感じる場所では、**気力、体力が奪われて、日々のパワーダウンにつながる**のは当然と言えるでしょう。

※「鬼門」の詳細は3章へ。

貧乏脱出マインド

鬼門の水場は、マメに掃除をして暖かく!

貧乏さんのお部屋07
POOR

冷蔵庫に、何かを貼ったり、何かを置いたりしている

キッチンでよく見かけるのが、冷蔵庫にメモを貼っていたり、ストックしている物を上に置いていたりしているケースです。**冷蔵庫は熱を出すことで物を冷やすため、「気が乱れやすい」と風水では言われます**が、食べ物を扱う場所に何かを貼ったり、物を置きっぱなしにしたりすることで、「拭き掃除をしなくなる」という点も運気を下げる要素。衛生を保つべき場所なのに、掃除しないことが当たり前になる。それもよくない習慣です。

貧乏脱出マインド

邪魔な物がなければ、掃除したくなる!

貧乏さんのお部屋08
POOR

シーツをマメに洗っていない

お金持ちのベッドリネンは一見して清潔だとわかりますが、貧乏さんは「洗濯してますか?」と疑うほど、くたびれた寝具が多い。忙しいお金持ちは、短時間で体力を回復して仕事に向かいたいので、効率よく疲れを取る環境作りは自分への気遣いです。

一方、**貧乏さんは自分を粗末に扱っている人が多い!** 洗い立てのシーツが気持ちいいのは誰もが同じ。マメに洗い、心地よく眠ることが、お金持ちへの第一歩です。

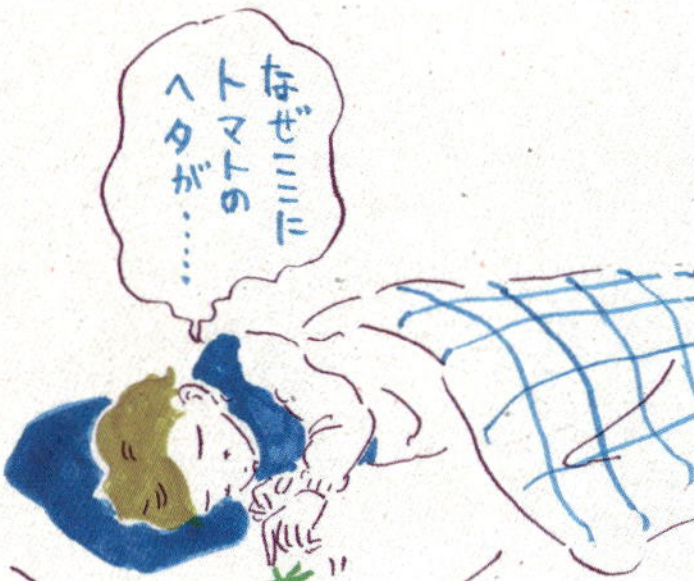

貧乏脱出マインド

良質な睡眠が与えてくれる力を知ろう!

貧乏さんの
お部屋09
POOR

カーテンをめったに洗わない

「カーテンレールが物干し代わり」の項でも言いましたが、風水では、太陽の光と新鮮な空気を取り入れることが、住人のパワーにつながると言われています。

カーテンは窓から入る空気が一番最初に触れるもの。

汚れていたら、せっかくの新鮮な空気も汚れてしまいます。面積が大きいカーテンは、人の意識に与える影響も大きく、薄汚れたカーテンを見て暮らしていては、やる気が削がれていくのも当然です。

貧乏脱出マインド
汚れた空気に慣れてしまわないように!

貧乏さんの
お部屋10
POOR

部屋に枯れた植物がある

二酸化炭素を吸って酸素を作り出す植物は、空気をきれいにするので、風水でもよく用いられるアイテムです。もう一つ、「植物を育てる」ことにも意味があります。水と土と肥料を与えるだけで育つ植物は、「育てる」ことの初級編。植物すら育てられない人は、他人を育てることもできません。**人の上に立つ人望ある人は、植物を育てることがうまいもの。**物言わない植物の面倒を見られる人間かどうか、試してみてください。

貧乏脱出マインド
園芸好きは、相手の気持ちを察することができる人!

✦3章✦

お金持ちは「方位」を味方につけている！

自然と調和した生活で、「太陽のパワー」をいただく！

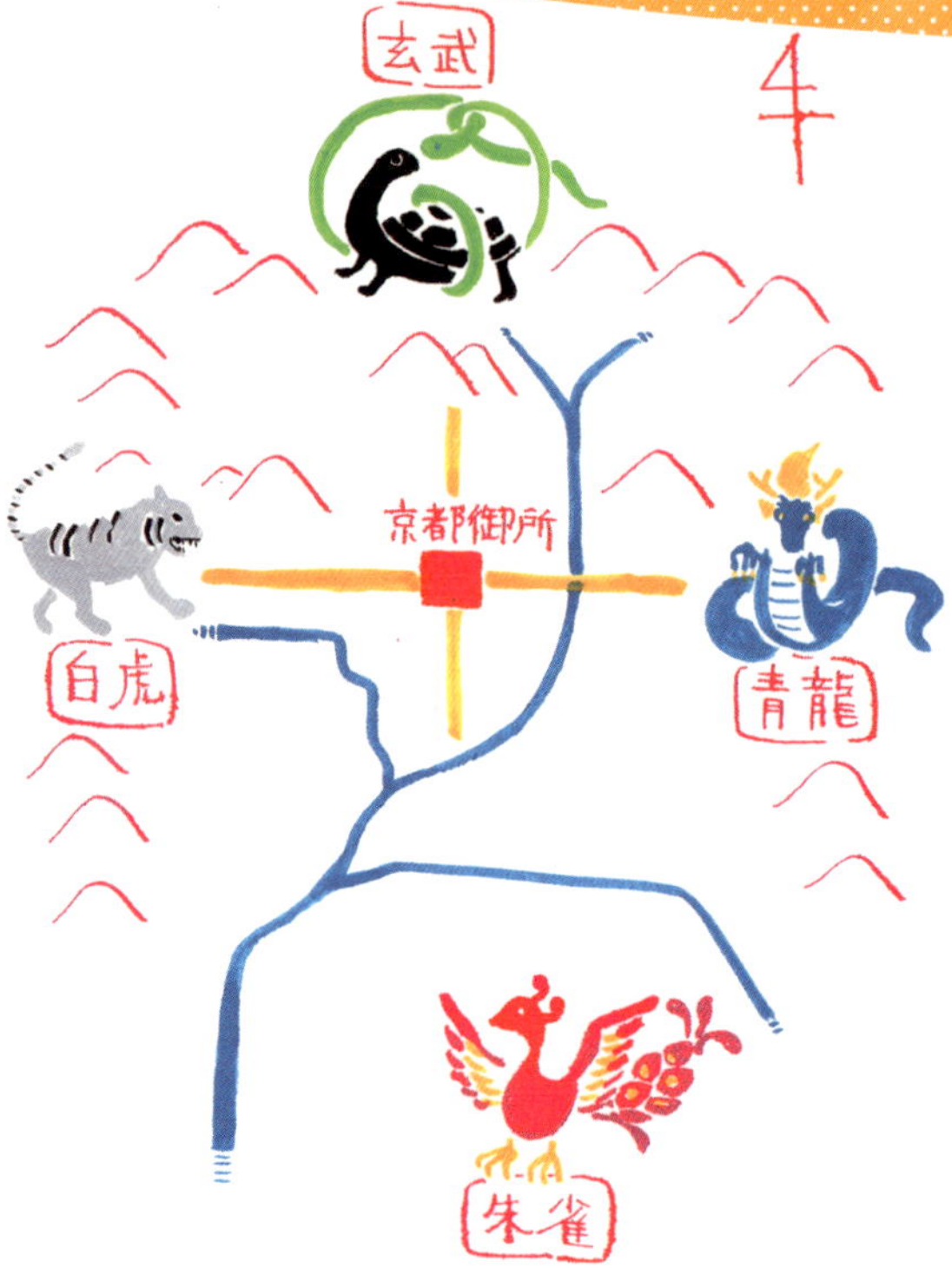

日本の風水は、歴史をたどると中国に由来します。中国から伝来し、日本の風土に即《そく》して進化を遂げたと言っていいでしょう。そのため日本の風水は、中国の風水とは少々異なる部分があります。まず中国の風水は、「土地を見る」ことがメインです。

北に山を置いて「玄武《げんぶ》」という神を、南に平地を置いて「朱雀《すざく》」という神を、東に川を置いて「青龍《せいりゅう》」という神を、西に街道を置いて「白虎《びゃっこ》」という神を配し、東西南北を「四神《しじん》」に守護されている土地が、中国では繁栄するとされてきました。日本でも、平安京は中国風水に基づいて建てられたと言われており、京都は風水都市として有名です。

しかしその後、日本と中国とは気候も風土も異なるため、日本人は「自分たちに合った風水」を作っていきます。中でも大きく違うのは、「土地の広さ」です。国土が狭い日本では、密集して家を建てなくてはならないうえに、湿度が高いため、**「日当たり」や「風通し」を重要視する**ようになったようです。

例えば、「家の西側を掃除すると、お金が貯まる」と言われるのは、ここに理由があります。それは「西日は強い」からです。強い西日は食材をすぐに傷めるため、西の台所は管理が行き届かないとお金が出ていくと言われました。

また、太陽が昇る東や南東に玄関やダイニングがあると、気持ちのいい朝日を受けて一日が始まるので運気がよくなる。リビングは長くいる場所なので、日当たりのいい南や南東、南西や西がいい。北西や北は寒い風が入るので、大きな窓を作らない方がいい。つまり、日本の風水はこうした**自然の理《ことわり》に即した教え**なのです。

ゲッターズ飯田流！各方位のまとめ

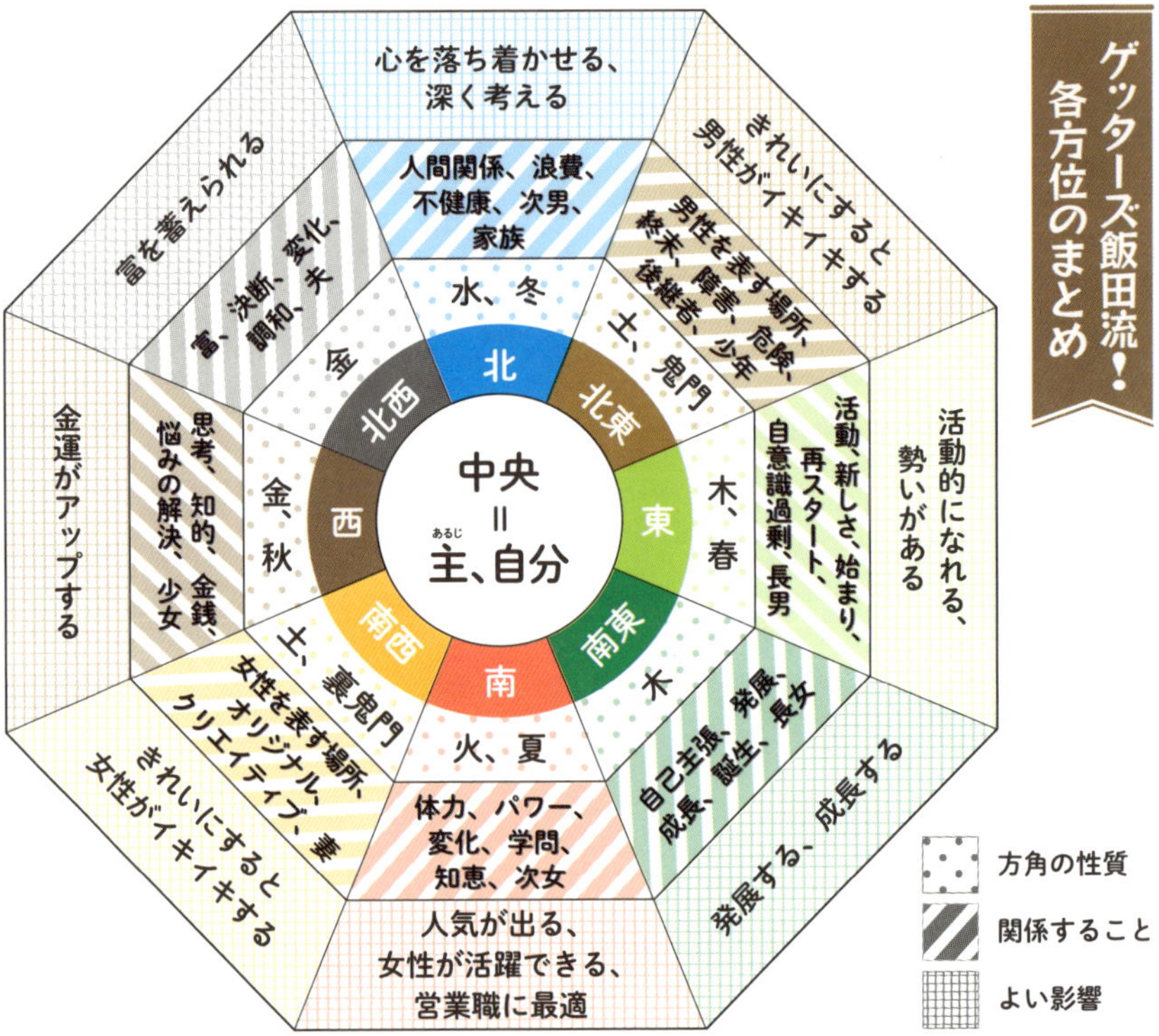
中央＝主《あるじ》、自分
北
水、冬
人間関係、浪費、不健康、次男、家族
心を落ち着かせる、深く考える
北東
土、鬼門
男性を表す場所、終末、障害、危険、後継者、少年
きれいにすると男性がイキイキする
東
木、春
活動、新しさ、始まり、再スタート、自意識過剰、長男
活動的になれる、勢いがある
南東
木
自己主張、発展、成長、誕生、長女
発展する、成長する
南
火、夏
体力、パワー、変化、学問、知恵、次女
人気が出る、女性が活躍できる、営業職に最適
南西
土、裏鬼門
女性を表す場所、オリジナル、クリエイティブ、妻
きれいにすると女性がイキイキする
西
金、秋
思考、知的、金銭、悩みの解決、少女
金運がアップする
北西
金
富、決断、変化、調和、夫
富を蓄えられる
方角の性質
関係すること
よい影響

風水のベースには、「自然と調和する」という考え方があります。それを家の中に持ち込んだのが、日本の風水です。

ただし、狭い土地に工夫して家を建てている日本では、ベストな間取りにならない家もあります。その場合は、太陽の光を取り入れるよう工夫するのと同時に、太陽に代わる光や温かさを人工的に作ればいいのです。また、「北は山、東は川、南は平地、西は街道」を家の中に作れば、日当たりや風通しがよくなり、新鮮な空気が家の中を巡ります。背の高い家具は山に見立てて北に置き、東は「流れる川＝動くもの」で、頻繁に出し入れする家具や音の流れる物を置き、日が当たる南には背の低い家具を置き、西日の強い西にはあまり物を置かない、という具合です。

以上が、日本の風水の大まかな紹介です。3章では、お金持ちが自然とやっていた「方位を味方にする」コツを紹介しましょう。

お金持ちは「真ん中」に行きたがる

［中央］を味方につける！

「真ん中」で堂々とできるのが、お金持ちマインド！

風水で、中央は「自分」を表します。家の中央は大切な場所で、木造の日本家屋では、昔から大黒柱を大切にしていました。大黒柱がなくても、**家の中央は「主《あるじ》」を表すため汚してはいけない場所**です。各部屋の方位を知るためにも、まずは家の中央がどこかを調べておきましょう。

また、風水とは異なりますが、**「お金持ちは真ん中が好き」**という傾向があります。駅の公衆トイレなどは端からうまっていくのに、一流ホテルのトイレは真ん中からうまっていく、という現象があって、どうやらお金持ちは「真ん中を選ぶ」意識が強いようです。

確かに集合写真を撮るときも社長は真ん中です。お金持ちは堂々としていて自然と周りに人が集まるので真ん中になるのが常。普段から堂々と中央を選ぶように心がけていれば、お金持ちマインドになるかもしれません。

[北]を味方につける!

お金持ちは、効率よく疲れを取っている!

お金持ちは「北枕」で寝ていた!

日本では、お釈迦《しゃか》様が亡くなったときに頭を北にしていたことから北枕は縁起が悪いと言われていました。ところが**風水では、「北枕がよい」とされています。**

そしてお金持ちの家に行くと本当に北枕で寝ている人が多かった！　しかも風水を知らなくても自然と北枕にしているのですから、まるでお金持ちの勘のよさを証明するかのようです。

なぜ北枕がよいかと言うと、地球には地磁気があり、北極から南極に向けて地表を覆うように磁界の流れがあるからと言われています。北枕で寝ると頭から足に地磁気が流れる向きとなり、血液や気の流れとそろうので、疲れが取れやすくなると考えられています。人間の体にも電子が流れているので、少なからず地磁気の影響を受けていると考えると、北枕は効率よく快眠を得るコツかもしれません。

〔北〕を味方につける！

色で温かみを出し、北の窓は全開にしない！

お金持ちの家には「北に暖色系」のアイテムがある

風水で「北」は、人間関係を表す方位。北は太陽の光が当たらないため、どうしても暗く、寒くなりがちです。放っておけば人が避ける場所になりやすいでしょう。とはいえ、どの家にも北はあります。そのような嫌われやすい場所をいかに明るく、清潔に保っていけるか。ここで前向きな工夫、気配りができることが、その人の「お金持ち力」につながっていくと言えるでしょう。

まず、家の中で北に位置する部屋は、**太陽の代わりとなる暖色系の色を使って温かみを出しましょう。**カーテンやラグ、壁の色など、面積の広いものを暖色系にするのがおすすめ。明るい雰囲気の絵や写真を飾ったり、間接照明を置くのも◎。

ただし、**北の窓はなるべく閉めること。**北の窓が全開だと「人が流れる。定着しない」ことが起きやすく、結婚、恋愛、家族の縁が薄くなるので要注意です。

お金持ちは「北の書斎」で作戦を練る

［北］を味方につける！

静かに考えごとをするなら北側の部屋で！

人間関係をつかさどる「北」ですが、例えば、好ましくない人間関係などを冷静に見直すときにも有効に使えます。

北は、静かで、暗く、涼しい場所。そのため、冷静になって物事を考えるのに最適な方位なのです。**「頭を冷やし、心を静めて、じっくり考えなくては……」**というときにピッタリ。

ですから戦略家のお金持ちは、書斎を北側に作り、一人になって物事を冷静に考えるといいかもしれません。また、ゆっくりと読書するにも静かでいい場所です。

そうした用途に使う場合、インテリアは適度に温かみのある落ち着いたものにし、華やかにはしない方がいいでしょう。

北に家族が集うリビングがある場合は、明るく賑《にぎ》やかにした方がいいですが、小部屋がある場合は、北を生かした静かな書斎がおすすめです。

お金持ちの家には「北に大きな窓」はない!?

「北＝人間関係」には、恋愛も含まれます。北に大きな窓があって全開にしていると、人の出入りが激しくなり定着しないとされています。これは恋愛関係にも言えること。恋人ができても出て行きやすいのが難点です。また、冷たい風が入り部屋が冷えるため、**人間関係も冷え込みがちに。**

対策は、窓をあまり開けないこと。明るく、暖かい色を使った絵を飾るのもいいでしょう。部屋に絵を飾っているお金持ちは多いですよ。

〔北〕を味方につける!
北側にある窓は開けっ放しにしない!

お金持ちの家は「北玄関」ではない!?

都会のマンションに多いのは、南がベランダで、北が玄関という間取り。実は**北玄関も「人の出入りが激しくなり定着しない」という意味がある**ので対策が必要です。

明るい色ののれんをかける、鏡を置く、玄関マットを暖かい色にするなど、明るさと温かさを加えましょう。また**玄関は「仕事運」に関係する場所。**掃除しないと仕事に障害が出ます。仕事に関するものを楽しい雰囲気で飾ると仕事運がアップするでしょう。

〔北〕を味方につける!
北向き玄関は、明るくきれいにして人間関係運も、仕事運もアップ!

お金持ちは「北東を清潔に」している!

［北東］を味方につける!

鬼門、裏鬼門は汚さず、風通しよくしておく!

日本における風水では、「鬼門《きもん》」と「裏鬼門」を忌《い》み嫌う風習があります。鬼門は「北東」、裏鬼門は「南西」のことです。

由来は、風水発祥の地である中国にあります。中国では、北東から騎馬民族の襲来を受けた歴史があり、秦《しん》の始皇帝はこの騎馬民族を恐れて万里の長城を造ったという説が有名です。そして、その思想が日本に伝わったと言われています。

ほかにも諸説ありますが、物理的に見て納得がいくのは、「北東は暗く、じめじめした場所なので水場は適さない」、「南西は西日が当たる場所なので、台所は適さない」ということでしょう。

北東、南西は、扱いが難しい場所だけに、いつもきれいに、風通しをよくしておくことが難を生まないコツです。できるだけ物も減らした方がいいでしょう。

お金持ちの家は「北東にトイレ」はない!?

［北東］を味方につける！

北東の水場は、冷えと汚れを予防すれば大丈夫！

「北東」は鬼門で、「日が当たらずに暗く、じめじめした場所なので水場は適さない」と言われるように、**トイレやお風呂を北東に作るのは、風水ではあまりよくないこと**とされています。

とはいえ都会のマンションなどは構造上、北東にトイレやお風呂がきてしまうこともあるでしょう。その場合は、**とにかくマメに掃除をして、いつも清潔にしておくこと**です。特にお風呂場はカビが生えやすいので要注意！

北東が嫌われる理由に「寒さ」もあります。日が当たらず寒い場所で、入浴やトイレといった肌を出す行為は体に悪いからです。寒い風で体を冷やすと、病気になりやすいとされていたのです。

けれども、**そうとわかって予防すれば大丈夫。**マットや暖房を活用しましょう。マットの色は赤、オレンジ、黄色などの暖色が◎。便座のふたは閉めるようにしましょう。

立場のある人は「東を向いて発言」する！

「東」は、勢いのある方位です。これから伸びゆく若者、まだまだ仕事で成長したい人は東側の部屋で過ごすようにし、日当たりや風通しをよくしておきましょう。

東は若く勢いのある人が育つとされている方位なので、社員を抱える社長、生徒を持つ先生など、**立場が上の人は東を向いて発言するといい**でしょう。東側に若者がいるようにし、目上の人は東を向いて話すイメージです。教育や指示が浸透しやすくなるでしょう。

[東]を味方につける！
偉い人は、東を向いて教育するといい！

成長したい人は「東から音」を流す

「東」にはもう一つ、**音の出るものと相性がよい、**という特徴があります。**「成長、活動、新しさ」といった意味を持つ方位**ですから、自分の成長や勉強に役立つような音を、東側から流すようにするといいでしょう。例えば、仕事で情報が必要な人はテレビやラジオを、感性が必要な人は好きな音楽を流すなどします。

逆に、リラックスしたい場合は、西側から気持ちの安らぐ音を流すといいでしょう。方位の性質に合わせた音を選ぶのが◎。

[東]を味方につける！
東から聞こえてくる音は、人を活発にする！

「東に絵」を飾ったり、「植物」を置いたりする！

「成長、活動、新しさ」という力を与える東には、それらと同じ意味を持つ物——例えば、**成長する植物、躍動感あふれる絵などを置く**と、より力が増幅されやすくなります。各方位の持つ意味やパワーと同じか、親和性のある物を置くといいのです。例えば、絵はどの方位に飾ってもいいのですが、その方位の持つパワーと同じ雰囲気の絵を飾ると、より効果的です。ただし、難の生じやすい北と北東には、難を防ぐ明るい絵が◎。

［東］を味方につける！
方位の持つ意味に合うものを置けば、さらに運気アップ！

「東に赤やオレンジ」を使ったインテリアにする

東や南東は日が昇る方位。明るく勢いのある「赤」と相性がよく、**色と方位のパワーがそろうので運気アップもスムーズ。**太陽を象徴する「オレンジ」もいいでしょう。ただし、赤がいいからと言って、真っ赤な部屋はいけません。エネルギーが強すぎると我《が》が出過ぎて、バランスが悪くなります。

人間、バランスが大切です。我が強くなると衝突も増えるので、特に気の強い人はアクセント程度に使うのが◎。

［東］を味方につける！
東には太陽を表す色を使うなど、方位と色のパワーをそろえる！

お金持ちは「南東の最強パワー」を取り入れている！

［南東］を味方につける！

運気のいい南東の部屋で、伸ばしたいことに取り組む！

南東は、「発展」する方位です。東と同様、太陽が昇る方位なので、「誕生、成長」といった意味合いもあります。**最強パワーの方位**です。

ですから、南東に玄関や大きな窓がある家は、**「誕生、成長、発展」といった強い気**が取り込めるので、大変いい家とされています。実際にお金持ちの家の玄関は、南東が多かった！

家の中でも南東の方位は、パワーの強い場所となるので、玄関の他、リビング、仕事部屋、寝室にもいいでしょう。「伸ばしたい」という事柄に力を与えてくれるので、**子供部屋にも最適**です。

南東の部屋は、よい気が入ってきやすいように、物を減らしてすっきりさせ、いつもきれいにしておくこと。また、**「理想の人」の写真を北側の壁に貼り、南東や南側から眺めると、理想に近づける、**とも言われているので、お試しを！

お金持ちは「南東にこだわりの物」を置いている

［南東］を味方につける！

強い気が入る南東には、パワーのあるものを置く！

「誕生、成長、発展」といったパワーを与えてくれる南東ですが、自分の趣味や好きなジャンルに関する物を置くと、活発な気分になり、やる気が出るため、一段と早い成長が望めます。**頑張っていることに関する物やこだわりの物、見るとテンションが上がる物は、南東に置くのが◎。**

パワーストーンなど、パワーがあるとされている物も南東に置くといいでしょう。活発な気をさらに強めてくれます。

家の南東や南側は、強い気や太陽の光が入ってくる方位のため窓や玄関があるのがベストです。**南東の窓は毎朝開けて、朝の新鮮な空気を部屋に取り込みましょう。**

南東が壁の場合は、太陽の代わりに鏡や間接照明を置いて明るくし、きれいな空気を取り込めるように、植物や空気清浄機を置くといいでしょう。

お金持ちは「南の部屋に窓」があるか、空気清浄機やエアコンを置いている

北
東
西
南

［南］を味方につける！

太陽の光を取り入れて、パワーをいただく。南からの空気を入れて、気の流れを作る！

その格好は？
気分も大事でしょ
南のパワー

「南」は、安心感や人気をもたらす方位です。パワーや体力を得られる方位とも言われています。南は日が当たる場所なので、マンションでも南向きの部屋は人気が高く、南側に大きな窓やベランダのある家は多いことでしょう。

風水的にもそれは正解で、太陽の明るさ、温かさを部屋に取り込むのはよいこと。人間は明るく温かい場所にいると活動的になり、「パワー、体力」を得られます。動物の感覚で生きればいいのです。

もし南側に窓やベランダがない場合は、空気清浄機やエアコンを置くといいでしょう。南側から新鮮な空気を流せば、温かい方位からの空気は寒い方（北側）に流れるので、家の中で空気の対流が起こり循環がよくなります。家の中で気が滞ることなく、家中に行き渡るように、**空気の流れを作ることが大切**です。

［南］を味方につける！

人気を集めたければ、南を大事にしよう！

人気商売の人は「南を向いて仕事」をしている

「南」は、人気に関係する方位なので、営業職、文筆業、人気商売の人は、南をすっきりきれいにしておいてください。文章を書いたり、作業机で物を作ったりする人は、南向きに机を置くといいでしょう。南を向いて仕事をすると、人気作品が生まれやすくなります。

また、**南や南西は女性の方位で、女性を魅力的に輝かせる力があるとも言われています。**南側が汚れていると女性の魅力が曇るので、いつも清潔に掃除しておくことが大切！

南と相性のいい色はオレンジや赤など、太陽を表すような明るい色。また、南側には太陽の光を感じさせるようなキラキラしたものを置くのが◎。ステンレス製の家具、クリスタル、ガラスの置物など、**「光」と「明るさ」が南のキーワード。**

ちなみに、神社でもらうお札や熊手は南に向けて高い所に置くのが決まりです。

お金持ちは「南西」を徹底的に掃除している!

〔南西〕を味方につける!

女性の健康を左右する南西は清潔に。女性運を上げたい男性も掃除しよう!

「北東」は鬼門で、その対角線に当たる「南西」は裏鬼門。由来は前述の通りですが、**北東は男性、南西は女性の方位とも言われます。**

よくあるのが、南西が汚れていたり、南西に枯れた植物が置いてあったりすると、その家の女性が体調を崩していることが多いという現象。女性は特にきれいにしなくてはいけない方位です。

では、男性は気にしなくていいかというと、南西が汚れていると女性運が落ちてくる可能性が大。**女性運が悪い人は、家の南西が散らかっていないかを、ぜひ見直してみてください。**

また、西や南西は、「西日が入る場所」なので、食べ物が腐りやすく、台所には向かないと言われています。でも、清潔に使っていれば問題ありません。ただし、トイレは「不浄《ふじょう》」を表すため、南西には向かないと言われています。

お金持ちは「西の部屋にリラックスできるソファ」を置いている

「西」は、リラックスできる方位です。太陽の動きに沿って考えてみてください。東は日が昇るので勢いのある方位。西はその逆で、日が沈む方位なので落ち着く場所となります。

1日でいうと夕方ですが、1年でいうと秋のイメージ。秋の夜長というように、心が鎮まるので、**「思考、知的」といった活動にも向いています。**

リビング、寝室、書斎など、どんな部屋にしても問題ありませんが、「ゆったりとくつろげる部屋」になるように使うと英気が養えるでしょう。落ち着けるソファを置くのは◎。ピアノを置いているお金持ちもいました。静かな時間を作り、生活にオン・オフのメリハリをつけることは大事です。

相性のいい色は、夕日に近いオレンジや黄色。また、**西は「金運をつかさどる方位」**とも考えられているので、金運アップに効果的な緑色やゴールドの物を置いてもいいでしょう。

［西］を味方につける！

秋の夜長をくつろぐような豊かな時間を過ごし、英気を養う！

「西を向いて勉強」すると記憶に残りやすい！

西は、**「記憶を定着させる」のに適した方位**とされています。知識を得る、習得する、覚えるといった行為は、西向きに机を置いて行うと効果的と言われています。

風水で西は「金運がアップする方位」とされていますが、西向きで学んだ知識や知恵が、のちに金運アップにつながることもあるでしょう。また、**西に時計やカレンダーなど、数字に関する物を置く**と、「お金＝数字」なので、金運アップにつながります。

［西］を味方につける！
西を向いて知識を習得する！
西に数字で、金運アップ！

「西側の窓」をあまり開けない！

西や南西は、「西日が入る場所」。強い西日は物を腐らせるため、**あまり物を置かない方がよい**とされています。また、西は「金運の方位」でもあり、金運パワーがあるのですが、僕の経験ではどうもパワーが強過ぎるようで、**西側の大きい窓を開けっ放しにしていると、「お金が入っても、出て行きやすい」**ようです。

そして、西が汚れているとお金がたまりませんし、金銭トラブルが起こりやすくなるので要注意！

［西］を味方につける！
西の窓を開けっ放しにしていると
お金の出入りが激しくなると心得る！

［北西］を味方につける！
静かな部屋にして、財産を蓄えておく！

お金持ちは「北西に高価なもの」を置いている！

「北西」は、富を得られる方位です。「金運は西」とも言われますが、**もっと大きな財産、資産などは、「北西」の方位がつかさどっています。**掃除するのはもちろんのこと、金庫や宝石など、高価なものは北西にしまっておくといいでしょう。深い緑色の金庫に入れると、なおよし、です。

お金は静かな場所を好みます。ですから**北西のインテリアは落ち着いた雰囲気にするのがおすすめ。**光や風を激しく取り入れることはせず、明かりは少し落とし気味にする方がいいでしょう。

また、女性の方位である南西は「妻」を表しますが、北西は「夫」を表します。昔は家を支えるのは男性だったことから、北西は偉い人の方位なのです。ここが汚れていると、一家の大黒柱である人が災難に見舞われやすくなるので要注意。ご主人にとって居心地のいい部屋や書斎にすると、その家によい決断をもたらすことになるでしょう。

COLUMN 2

お金持ちの豪邸を鑑定！

～テレビ朝日『お願い！ランキング』より～

國分利治さん宅

ゲッターズ飯田が見た！

お金持ちが実践していた風水

一、南東からいい気を取り入れていた！

一、北の壁に明るい色の絵を飾っていた！

一、1階にゴールドの茶室があった！

「こうした方が、もっといいですよ」という助言をすぐに実行した國分さん。お金持ちならではの素早さが見られました！

profile **國分利治**

株式会社アースホールディングス代表取締役。美容院「EARTH」を日本全国に223店舗展開し、従業員2800人以上を抱える。自身は美容室の下働きからスタートし、10年間ほぼ休みなく働き続け、30歳で独立開業。37歳のとき、アメリカ視察で見学した大型サロンに感動し、帰国後、大型サロンをオープン。その後、独自のフランチャイズ・システムで業績を急拡大させた。「統一を目指さず、個性を伸ばす」「100年続く組織作り」をモットーに、多くの経営者を作ることを目指している。

風水的に、ほぼ、完璧だった豪邸！

敷地面積1100平米、3階建て16部屋を有する10億円の豪邸に住む國分さん。まず玄関とガレージが南東に向いているのは大正解！　広い入口からいい気がたくさん入ってくるので、最強パワーが得られます。

2階にある来客用のお風呂は、家族用より広くて豪華。お金持ちの「人を喜ばせたい精神」がここにも見られました。また、女性客の多い仕事をしている國分さんにとって、「女性」を表す南は肝心な方位。すると南側をどこもきれいに使っていて、これも完璧でした。

寝室に入ると、アロマによるいい香り。匂いにこだわるのはお金持ちの共通点です。しかも、白の寝具はリフレッシュに最適の色で風水的にGOOD！　3階のリビングでは縁起のいい大黒様の置物を発見。「南を向けるとよりいい」と伝えると、すぐに置き変える國分さん。さすが、お金持ちは行動が早い！

広いパーティールームは、北の壁にピンクの絵を飾っていて、「北に明るいもの」で◎。そしてなんと1階には金の茶室が！　ゴールドはお金持ちが愛する色。奇数の1階は「発展・成長」を意味し、1階にゴールドは仕事で成功したい人にピッタリの組み合わせ。NGが1つもない豪邸は、社長の成功を約束しているかのようでした。

4章

お金持ちに共通していること【マインド編】

お金に対する考え方 01
RICH's mind

お金持ちは「服」をどんどん捨てる

お金持ち――なかでも経営者は、人に会うことが多いため、身なりには気を遣います。特に女性のファッションは多彩なので、女性の社長さんともなれば、ものすごい数の服を持っているのでは？　と思うでしょう。

でも、ある女社長さんに聞いたところ、「服はどんどん捨てる」と言っていました。

基本的に、お金持ちは物をたくさん所有しようとはしません。

例えば、その女社長さんの買い物の仕方はこうです。まず、買い物をする日と店を決めます。「このセットと、このセットと……」と一度に20着くらいをセットアップで買って、しばらくはその20着分のセットをローテーションで着ていくのです。それを何回か繰り返したら、全部捨てるんだそうです。

要するに、**新しいものを買ったら、古いも**

お金持ちマインド

服をため込むと、迷いが生まれる。
迷う時間を省くためにも、買ったら捨てる！

のを捨てるの繰り返し。コーディネートを考えて着回す、というようなことをしません。

なかには洋服が大好きでセンスに自信があり、コーディネートが得意なお金持ちもいるかもしれませんが、多くの経営者は、「自分はセンスがないから、人に選んでもらう」と言います。自分ができないこと、得意ではないことは人に任せ、そこで悩んだり、迷ったりする時間を極力省こうと考えるのです。

相手をいい気持ちにする服、自分をいい気分にさせる服、自分の個性やキャラクターを際立たせる服など、身なりへの気遣いはとても大切にし、工夫もしていますが、それは**「人に対しての気遣い」であり、「服へのこだわりや所有欲」ではない**のです。

役目を果たし終えた服はどんどん捨てて、新たな服で気持ちを一新させる。その判断と行動が早いのが、お金持ちの特徴です。ですから、もしも家に2シーズンくらいまったく着ていない服があったら、どんどん捨てた方がいいかもしれません。

お金に対する考え方 02
RICH's mind

お金持ちは「欲しい」ものより、「楽しい」ものを買う

お金持ちマインド

人を喜ばせることにお金を使う！

お金持ちの家で珍しいものを見つけて、「これ、何ですか？」と聞くと、たいてい、「面白いでしょ！」「これがあると楽しいでしょ！」と、うれしそうな笑顔で答えが返ってきます。

お金持ちは自分のことについては合理主義ですが、人に対しては、「楽しませたい」「面白がらせたい」というマインドを持っているのです。

お金持ちの部屋は基本的にすっきりと片付いているのですが、そこにときどき「何これ？」と思うものがあるのです。興味をもって尋ねると、「面白いから買った」というものが多い！

自分が欲しいものより、面白いと思えて、人を笑顔にするものを買う。自分が「面白がりなタイプ」でもあるのですが、それ以上に**「人を楽しませることができる！」と確信できたものにお金を使う、というマインドがある**のです。お金持ちは根っからのエンターテイナーと言えるでしょう。

お金に対する
考え方
03
RICH's mind

お金持ちは「ギャンブル」をしない

お金持ちマインド
遊びでギャンブルはしない。
仕事で賭けている！

あのビル
買うときは
けっこうスリル
あったよ

お金持ちが「しないこと」に目を向けてみると、「ギャンブルを趣味にはしない」があります。

海外カジノで遊ぶお金持ちもいますが、それは旅行中のイベントであって、日常的にギャンブルを趣味にしている人は少ないでしょう。

なぜなら、**お金持ちは、「人生がギャンブルだ」と考えている**からです。

一般的に多くの人は安定した人生を求めますが、お金持ちは、「安定なんてあるわけがない」と考えています。だからこそ誰も手をつけていないジャンル、誰もやったことのない方法、誰よりもスピーディーな展開……といった未知の世界に挑むことを繰り返し、そこで成功した結果、お金持ちになっているのです。

お金持ちは開拓者であり、道を作り続ける人。そう考えると、仕事そのものがギャンブルみたいなものなのです。

お金持ちは「自分にごほうび」を与える

お金持ちマインド
モチベーションアップしながら一流を学ぶ！

お金持ちは、「自分へのごほうび」を忘れません。また、このやり方がとても上手です。

目標を達成したとき、事業がうまくいったときなど、自分に大盤《おおばん》振る舞《ま》いして、**喜びを何倍にも大きく感じられるように演出する**のです。そうすることで、うれしさが強烈に記憶に残り、「またこの喜びを感じたい！」と、次のモチベーションへとつながっていきます。

また、自分へのごほうびを、**「一流のもの、最高級のもの」を味わうきっかけに使っている、**という人も多い。

一流を知ることは、その人の価値基準を上げます。そこに到達しようとさらに闘志を燃やし、人に対しても高いレベルのもてなしができるようになります。お金持ちにとって必要な条件を、自分のモチベーションアップにうまくつなげている、実に賢い方法なのです。

お金に対する考え方 05
RICH's mind

「財布」で人の年収を予想できる

「お金持ちになりたいなら、安い財布を使わない方がいい」と聞いたことがありませんか? よく、**「財布の値段の約150〜200倍がその人の年収」**と言われ、財布にかける金額で、その人の稼ぎが透けて見えるとも言われます。そこで逆の発想です。**目標年収の200分の1くらいの財布を使う**のです。

するとグレードに見合った人格に変わっていきます。財布は毎日手にし、見るものなので影響は大きいはず。すぐに年収は増えなくても、意識は変わっていくはずです。

お金持ちマインド
財布のグレードは、その人の稼ぎとリンクする!

お金に対する考え方 06
RICH's mind

「財布」も「お金」もきれいに使う

財布には「お金に対する意識」が表れます。**お金持ちは、お金を大切に思っているのと、お金に対して感謝の気持ちがあるので、丁寧に扱います。**だからお金持ちは、財布もお金もきれいなんです。ボロボロの財布でお札がグチャグチャになっているのを見たら、「お金に無神経な人なんだな」と思うでしょう。

お金は人に渡す道具です。そこには気持ちが表れます。スポーツ選手が自分の道具を大切にするように、お金持ちもお金を大切な道具と考え、大切に扱います。

お金持ちマインド
道具を大事に扱う気持ちが、成功を引き寄せる!

お金に対する考え方 07
RICH's mind

お金持ちになる人は、なくても「お金はある」と言う

お金持ちマインド
「今、ちょっとお金がないから……」と、お金を理由に断らない！

あるお金持ちに、「たとえお金がなくても、〝お金はある〟と言った方がいい」と教わったことがありました。**「お金は〝ある〟と言うところに集まるんだよ」**と……。

どういうことかと言うと、せっかく誰かに誘われても、「お金がないから」と断ってしまうと、相手は次に誘えなくなるからです。お金のない人が急にお金持ちにはならないし、誘いを断ってしまう人はお金を使いたくない人。また、「お金がない＝運気が悪い」という意味でも避けられてしまいます。**お金がないときほど人とのつながりが大事**なのに、それをわかっていないのです。

この話を聞いてからは僕も、「お金はあります」と言うようにしています（笑）。

お金持ちいわく、**「お金がないと言っていると、本当になくなる」**とも。自己暗示をかけてしまうのですね。

お金に対する考え方 08
RICH's mind

「キリのいい額」でお金をおろさない

あるお金持ちから、**「ATMでお金を引き出す際、3万円などとキリよくせず、2万8千円のように、くずしておろした方がいい」**と聞いたことがあります。

理由は、あらかじめ千円札にくずしておいた方が、いくら使ったかを意識しやすくなるから。例えば、千円札5枚の中から2千円を使うと、残り3枚と意識に刻まれますが、1万円札で払うとそこで細かいお札が急に増え、いくら使ったかがわからなくなりやすい。使った額を細かく意識できる人は、お金持ちになれます。

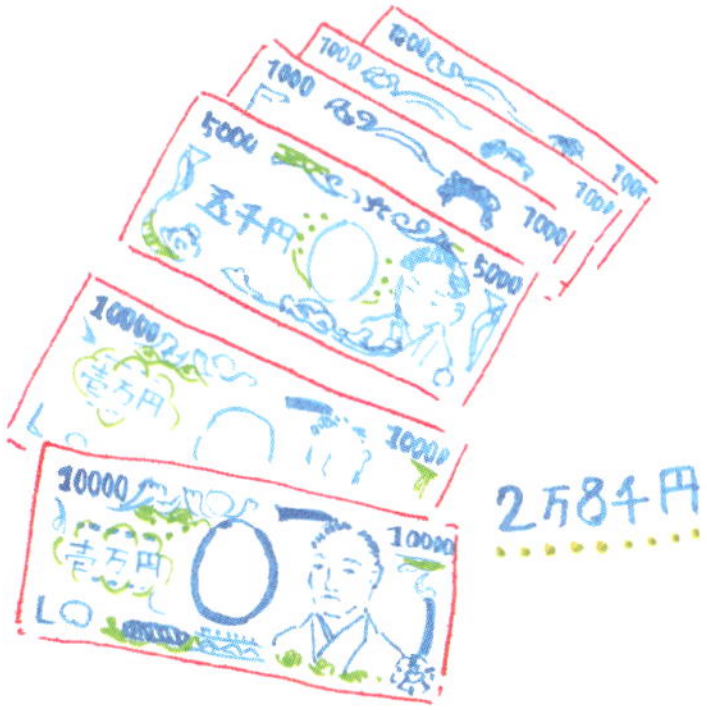

お金持ちマインド
今、財布にいくらあるかを常に意識する！

お金に対する考え方 09
RICH's mind

「通帳を3つ以上」に分ける

「貯金したいなら、通帳を3つ以上に分けるといい」

これは**「目的を明確にする」**という方法です。例えば、マイホーム貯金、旅行貯金など、「○○したい」という目標をしっかりと掲げ、通帳を分けることで、その**お金に手を出すのを食い止めることができます。**

さらに**「小分けにする」と管理しやすく、**収支が曖昧になりません。目標は、漠然と願っているだけでは、なかなか達成しません。人間の意志は弱いもの。言い訳して怠《なま》けてしまう気持ちに歯止めをかけるテクニックです。

お金持ちマインド
目標を小分けにし、明確にして決意する！

人に対する考え方
01
RICH's mind

お金持ちは「清潔感」「愛嬌《あいきょう》」があって、「バカ正直」な人が好き

仕事で成功して、お金持ちになった人は、**「人生は他人が決めている」**ということに気づいています。

例えば、「その仕事、私がやりたい！」と手を挙げても、依頼主から「どうぞ」と言ってもらえなければできません。当たり前のことですが、「私が、私が」と主張しても、「こんなに努力している」「こんなに才能がある」とアピールしても、相手からお願いされない限り、仕事は生まれませんし、お金も得られません。

極端な言い方をすれば、努力してもムダ。お金を払ってくれる人に好かれなければ意味がない、ということになります。

そう考えると、「清潔感」「愛嬌」は、言わずもがな、です。よほど特殊な仕事でない限り、頑張っていても不潔でムスッとした人よ

私だれよりもお金持ちになりたいです!!
あっはっは
いいね君
ぐっ

お金持ちマインド

「自分の価値は、他人が決めている」と理解しよう!

り、「清潔感」「愛嬌」がある人の方が、断然、つきあいたいと思うはずです。

仕事とは、人との関係なんです。**人のためになることが仕事になる**のです。どんなにデキる人でも、「あの人とはつきあいたくないな……」と思われたら、いずれ依頼は来なくなるでしょう。

そして「バカ正直」とは、信頼できる人かどうか、という意味です。仕事とは、信頼関係の上に成り立っているもの。失敗を隠して人のせいにしたり、言い訳したりと、正直でない人は仕事の邪魔になるだけなんです。たとえ失敗しても、素直に非を認め、その事実と向き合い改善策を見つければ、「同じような失敗を防ぐ方法」として、売れるノウハウを生み出す可能性があるかもしれません。

不誠実な人は、人の心を惑わすので、それだけ精神的にも時間的にもムダが生じます。お金持ちはムダが大嫌い。ですから正直でわかりやすい人の方が、お金持ちにとっては価値のある人なのです。

人に対する考え方
POOR's mind

貧乏な人は他人をバカにすることが多い

え〜〜〜
あの程度で喜ぶなんて頭わる〜い
この子性格悪いな・・・・

貧乏脱出マインド
人に生かしてもらっていることに感謝する！

「人をバカにする、人を悪く言う」。お金持ちになればなるほど、しないことです。

お金持ちは他人を尊重します。仕事ができるようになればなるほど、自分のできない部分が見えてくるので、人に支えられて生きていることに気づきます。**ビジネスも、人を尊重しないと成立しない**ことを知るのです。

こんな話があります。お金持ちがある商品にケチをつけたら、知り合いの会社が作っている物だったと。お金持ちは人脈があるので、悪口を言うと、どこかで誰かとつながっていることがしょっちゅうあるんだそうです。

「文句を言うなら自分で作れ！」。そう返されてもできない。つまり、**世の中は持ちつ持たれつ**だということ。「人に生かしてもらっているんだから、頭下げないとね」と、そのお金持ちの人は話していました。

人に対する考え方
POOR's mind

貧乏な人はお金持ちの文句を言うことが多い

貧乏脱出マインド
「お金持ち＝悪」の考えを捨てる！

外国に比べ、日本にはお金持ちのことを悪く言う人が多い気がします。妬《ねた》みやひがみからでしょうか？　それとも、時代劇に出てくる越後屋の悪いイメージなんでしょうか？

でも、**お金持ちを敵対視しているうちは、お金持ちにはなれません。**「人生はお金じゃない」などと言っている人は、その言葉通り、お金のない人生になっていくでしょう。

お金は、いい物でも悪い物でもなく、単なる道具です。お金に価値があるのではなく、**お金をどう使うか。**それを一生懸命に考えて、**たくさんのお金を動かしている人がお金持ち**なんです。今まで誰もできなかったことにチャレンジし、魅力あるものを作るから、お金が動くのです。

お金持ちは、尊敬すべき人であり感謝すべき人です。そのことに気づいた人から、お金やお金持ちに愛されるようになるでしょう。

人に対する考え方 02
RICH's mind

お金持ちは「楽しみ上手」だ

お金持ちマインド

楽しげな姿は、チャンスを呼び込む！

ある駐車場で働いていたおじさんの話です。その人はとても楽しそうに仕事をする人で、いつも「こっちを使ってください！」と明るく誘導し、雨が降れば「傘どうぞ！」と元気に話しかける姿が特徴だったそうです。

ある日、「60歳が定年で、もうすぐ辞めるんです」と話をしていたおじさん。ついに最後の日、なんと駐車場に行列ができたそう。なぜかと言うと「こんなに気持ちよく仕事をする人を見たことがない」と口々に述べて別れを惜しむ人たちが花束やお菓子を持って押し寄せたからです。

するとある会社の人から、「うちの警備員として働きませんか。楽しく仕事をする姿勢を教えてください」と依頼が！　**仕事を楽しむおじさんのマインドが、以前より収入のいい会社での働き口を獲得した**のです。楽しく仕事をする人にチャンスは来るのですね。

人に対する考え方
03
RICH's mind

お金持ちは、自分の「できること、できないこと」を知っている

お金持ちマインド
自分のできないことは、信じられる人に任せる!

一人で何でもやろうとする人は、お金持ちにはなれません。

あるお金持ちは、家のインテリアを全部人に任せているそうです。家具選びも配置もお願いして、お金は出すけど口は出さない。

また、あるお金持ちは服選びを全部人に任せているそうです。「自分で選ぶとセンスがないから」と言います。自分でこだわって選ぶ人もいますが、それは好きで楽しめる人。みんな自分の「できること、できないこと」を明確にわかっていて、できないことは信頼できる人に任せているのです。

仕事も同じです。適材適所を見極めて、物事を合理的かつ効率的に進められる人が、お金持ちになれる人。自分の才能を振りかざすのではなく、**できないことを人に頼めて、信じて頼める人がいることが大事**なんです。

人に対する考え方
04
RICH's mind

お金持ちは「教えたがり」だ

この本ご存知ですかー
とってもいいですよー!!
金持ち風水

お金持ちマインド
この本を読んだら、「いい本があるよ！」と教えてあげよう！（笑）

お金持ちの人と話していると、いろんなことを教えてくれるので、めちゃめちゃ楽しいんです。とにかくサービス精神が旺盛《おうせい》で、「人を喜ばせたい！」と思っている人が多いので見識が広がる！

実に刺激的なひとときです。

あるとき、「どうしてそんなに親切に教えてくれるんですか？」と聞いたところ、**「だって、いいことはみんなで共有した方がいいじゃん」**と！

おそらく一人では生きていけないことを知っているから、人を大事にするのです。そして味方を増やすような生き方をしているのでしょう。

一方で、**「この人、惜《お》しいなぁ」と思うのは、感謝のない人**です。全部自分の手柄だと考えているから、人のおかげとは思えないのでしょう。本当は自分のことばかり考えなければうまくいくのに……。自我が強いとなかなかうまくいきません。**お金の「円《えん》」は人の「縁《えん》」から生まれますからね。**

その調子!!

人に対する考え方 05
RICH's mind

「自分は運がいい」が口癖になっている

お金持ちの人からよく聞くのは、**「自分は運がよかっただけです」**というセリフ。特に芸能人はよく言います。というのも、自分より才能のある人をたくさん見てきているから。才能があっても人一倍努力していても、成功しなかった人を見ているからです。

「周りに助けられた」という感謝の心で動ける人には、よい運が回ってきます。なぜなら**感謝は人に伝わるから**です。運気とは「気を運ぶ」と書きます。よい気を運ぶには、奢《おご》らずに人から受けた恩を返していくことです。

周りのおかげです
THANKS

お金持ちマインド
感謝の心が、よい運気を運び込む！

人に対する考え方 06
RICH's mind

何でも「1人で」企《たくら》まない

さまざまなお金持ちと話をして感じたのは、**「自分1人だけで何かをしよう」とか、「成功を独り占めしよう」という人はいない、**ということ。

人との縁と言いますが、お金も縁なんです。だから、**いい人には縁が回ってくる**のと同じように、**いい人にはお金も回ってくる**もの。もっと具体的に言うと、お金は人から感謝されることで回ってくるものなんです。だからお金持ちは人を喜ばせることが大好きで、人に感謝されることをする。その法則がわかっているのです。

一緒にいかが？

お金持ちマインド
感謝される人の所に、お金が回ってくる！

人に対する考え方 07
RICH's mind

お金持ちは「お祭り好き」が多い

お金持ちマインド
人にも自分にもメリットのある遊び方を考える！

お金持ちは、よくホームパーティーをします。

お金持ちの豪邸には必ずと言っていいほどパーティールームがあり、春はお花見、夏はバーベキューなど、季節ごとにイベントを催《もよお》します。

パーティーやお祭りという**「楽しい時間と空間」**を作って人を楽しませることが、お金持ちはとっても上手です。

根底には、「人を楽しませたい」というお金持ちマインドがあるのでしょう。人、お金、情報が集まる場所を作り出し、互いに活用し合おうという狙いもあると思います。

非日常的な時間と空間で、人は気持ちが高揚し、人もお金も情報も流れやすくなります。

あるお金持ちは、**「遊ばないと錆《さ》びるから」**と言っていましたが、錆びないためにも自ら流れを作り出し、その波に乗るのが、お金持ちのやり方です。

人に対する考え方 08
RICH's mind

「メールが簡潔」でわかりやすい

お金持ちのメールはたいてい短めです。ムダなことを絶対に書きません。

例えば、**疑問形の文章を2つは入れません。1つだけです。**「最近これこれこうで、こんなことがあって〜」といった長い日記のようなメールもしません。つまり、相手がどう返していいか悩むようなことをしない。一発で返せるメールを送る。これはお金持ちマインドの「合理性」ですが、人に対しての気遣いでもあります。相手がムダに悩む時間を作ってはいけないと考えます。

お金持ちマインド
相手を、ムダに悩ませることをしない！

人に対する考え方 09
RICH's mind

「電話をすぐに折り返す&メールは即返」な人が多い

ある有名な放送作家さんは、「電話とメールはすぐに返す」と言っていました。実際にめちゃくちゃ速くて、食事会中にしょっちゅう中座するんです。「なぜそんなに対応が速いんですか?」と聞いたところ、「送ったときってすぐに答えが欲しいでしょ。それならすぐ返さないと」と言っていました。**いかに相手を思いやれるか。**それを徹底してできる人が、人から必要とされる人なんだと学んだ出来事でした。そして、**気遣いのできる人がお金持ちになれる人**なんだな、と実感しました。

お金持ちマインド
自分だけでなく、人の時間も大切にする！

時間に対する
考え方
01
RiCH's mind

お金持ちは「迷う」ことがない

お金持ち
マインド

迷っている時間がもったいない!

「夢をかなえるために必要なのは、行動力」などとよく言いますが、お金持ちの場合、単なる行動力ではなく、その前に**「素早い」**がつきます。

お金持ちは行動がとにかく速い。何かアイデアが浮かんで、「できるんじゃない?」と思ったら、すぐにやります。少しも迷いません。

では、なぜお金持ちになれない人は行動が遅いのでしょうか？　それは、迷うからです。なぜ迷うのかというと、うまくいくか不安だからでしょう。失敗したくないからです。

一方で、お金持ちの行動が速いのは、**失敗しても別にいい**と思っているからです。そう思えるのは、これまでにもたくさん失敗してきたからでしょう。失敗を重ねたから成功する方法がわかったわけで、失敗は糧《かて》にすればいいだけのこと。失敗を失敗で終わらせない。だから恐れずにすぐやる。**迷う時間はムダなだけ**なんです。

時間に対する考え方
02
RICH's mind

お金持ちは「雑誌」を読まない!?

お金持ちマインド
知りたいことは、専門家に聞く！

雑誌とは、その名のごとく「雑多なことが書かれた書物」。情報をいち早く、手っ取り早く知るにはよいのですが、お金持ちはほとんど雑誌を読みません。

理由を聞いてみたところ、「誰が書いているのかわからない情報を、なぜ自分の中に入れる必要があるんですか？」とのこと。

なるほど、信用できるかどうかわからない記事を読む必要はない。知りたいことがあれば専門家に聞いた方がいい。**信用できるかどうかわからない記事で心が乱されるのは時間のムダ、**と考えるのが、お金持ちの発想だったのです。

そのかわり、お金持ちは本をたくさん読みます。読む本は、「この人が書いたから」という視点で選びます。**確かな筋から確かな情報を仕入れたい。**これがお金持ちの鉄則です。

時間に対する考え方
03
RICH's mind

お金持ちは「ネットサーフィン」をしない!?

お金持ちマインド
心を惑わされ、時間泥棒されるネットは、目的を持って使う！

読書家が多いお金持ちですが、ネットサーフィンはしないようです。インターネット自体は使いますが、「ダラダラとは見ない」ということです。

ネットサーフィンをしていると、面白い情報を次々と見つけて、気づいたら数時間が過ぎていた！　という経験は珍しくないでしょう。けれどもお金持ちは、これが**命取り**と考えます。

まず、**時間の管理ができないこと。**決めた時間内で目的を果たすためにネットを使うなら別ですが、ネットサーフィンを始めると、そうはいきません。

また、雑誌同様、いくら面白くても、「信用できるかどうかわからない情報」が多いこと。もちろん、信頼できる人が発信している情報は別ですが、信憑性《しんぴょう》の低い情報に振り回されるのは、ムダ以外の何物でもないのです。「時《とき》は金なり」です。

時間に対する考え方 04
RICH's mind

「自分の名前を言って」挨拶する

お金持ちの人で、会う度に、「どうも○○です」と必ず名乗る人がいます。理由を聞いたら、「飯田さんはたくさん人に会っているから覚えられないでしょ」と。名前を忘れている人が「ええと誰だっけ……」と悩まないように、自分から**先に名乗って相手の気持ちを1つ楽にする。楽な気持ちになれば、商談もスムーズに進むものです。**

先日
お会いした
サトウ
です!!
あっ
そうだ!!

以前、電話に出ると必ず、「ツイてる田中です！」と名乗る人がいて、今でも記憶に残っていますが、**キャッチフレーズをつける**のもいいアイデアです。

お金持ちマインド
気持ちが楽になれば、会話もスムーズに進む！

時間に対する考え方 05
RICH's mind

「名刺をもらった瞬間」にほめる

お金持ちの挨拶テクニックにはもう一つ、「名刺をもらった瞬間にほめる」があります。**「素敵な名前ですね」「センスのいい名刺ですね」**など、まずはほめる。そして「○○にお住まいなんですね？」などと質問をする。

こうすると一瞬でコミュニケーションが取れるんです。すると、その後の話も弾みますし、ほめてくれた人のことは相手の記憶にも残ります。

わあ
すてきな
デザイン
ですね!!

モノを売る、サービスを売る、それは**「自分を売る」**ということ。よい印象を名刺交換の瞬間から与えています。

お金持ちマインド
名刺1枚で会話を弾ませる。一瞬でいい印象を与える！

時間に対する考え方 06
RICH's mind

あえて「空気を読まない」

お金持ちは、堂々と空気を読まないことがあります。飲み会などでも自分の決めた時間になると「じゃ、帰ります」と帰り、周りも、「あいつはキッチリ帰るからな」と認めています。そのくらい自己管理をしっかりしています。だから**自分のペースを崩さないし、周囲にも流されない**のです。例えばある有名な野球選手は、飲み会に出ても帰って必ずバットを振るなど、日課を崩しません。**「継続は力なり」**です。自分のパターンを当たり前のように繰り返しているお金持ちは、意外と多いですね。

お金持ちマインド
自己管理するためにも、自分のリズムを崩さない！

時間に対する考え方 07
RICH's mind

「ハンパな時間」を約束時間にする

「お金を意識する」とは、「数字を管理する」ということ。数字に弱い人は、どうすれば数字の記憶が曖昧にならないかを工夫するといいでしょう。

例えばあるお金持ちは、待ちあわせ時刻を7時ちょうどにするのではなく、**7時5分、または6時50分など、あえてハンパな時間にするのだそう。**なぜなら、その方が数字の記憶が残るから。「キリのいい額」でお金をおろさないことにも似ていますが、数字を意識づけるちょっとした工夫です。ゲーム感覚で試してみてください。

お金持ちマインド
数字が記憶に残るような工夫をする！

時間に対する考え方 08
RICH's mind

「メモを取るクセ」をつける！

お金持ちを見ていて感じるのは、**「目標の刻み方がうまい」**ということです。まず、時間をとても大切にします。約束をすると必ずメモを取ります。**腕時計をしていない人は、ほぼいません。**つまり時間管理が徹底しているのです。それは、「ここまでに、こうしよう」と、現実的な予定を立て、欲望や目標に対してしっかりと時間配分しているから。**「いつまでに何をする」**と細かく刻んで着実にかなえていくのです。それは**メモを取った瞬間から始まっています。**

お金持ちマインド

欲望や目標に対して、現実的な予定を組む！

時間に対する考え方 09
RICH's mind

「カレンダーを年々大きく」する！

僕がやっていて、本当に収入が増えたのが、「カレンダーを年々大きくしていく」という方法です。最初は小さめのカレンダーにして、年収が少しでも増えたら徐々に大きくしていく。これは**「時が大事、数字が大事」ということを意識づける方法**で、これがわかるとお金持ちに近づけます。時間とは命のこと。お金持ちが時間をムダにしないのは、命をムダにしたくないから。限りある時間から目をそらさず、先を見据えながらチャレンジし続けている。それがお金持ちなのです。

お金持ちマインド

時間＝命。限りがあることに気づく！

ピンチをチャンスにしてみせます!!
なんか楽しそうだね・・・
バーーン

お金持ちマインド

ピンチをチャンスに。つらいときこそ面白い!

お金持ちは「逆境」を楽しむ

お金持ちを占っていて、「なるほど、面白いなぁ」と思ったのは、「運気のいいときはつまらない」と言う人が多いことです。

お金持ちは、**「ピンチの方が楽しい」というマインド**を持っているのです。例えるなら、坂道を上っているときが一番楽しくて、頂点に達して安定期に入ると、もう面白くなくなってしまう。

だから逆境にぶち当たって、「よし、この状況を変えてやろう」と頭をひねり、**「このピンチをチャンスに変えてやる!」**と作戦を練って、チャレンジしているときが一番楽しいみたいです。

頭をフル回転させ、夢中になって取り組んで、成功するまでやり続ける。こんなとき、アドレナリンが出まくっている興奮状態なのでしょう。

ただし、ダメだと思ったらやめる決断も速い。失敗を素直に認めて、すぐ次へと方向転換する。見極めも速いのです。

ガンバレ!!

お金持ちは「落ち込んだとき」にチャンスをつかむ

お金持ちマインド

どんなピンチにも光はある。結局、攻めに転じるのが吉！

「逆境を楽しむ」のがお金持ちのメンタリティと言いましたが、そうはいっても、お金持ちだって落ち込むことはあるはずです。

　こんな話があります。昔、青森のリンゴ農園の作物が台風で全滅する出来事がありました。そんななか、ある農家は1割しか残っていないリンゴの写真を撮って、「どんなに強風でも落ちなかった幸運のリンゴ」と、1200円で売ったそうです。すると全国の受験生から注文が押し寄せて大ヒット。10倍以上の値段で売れて儲《もう》かったそうです。

　お金持ちがすごいのは、「落ち込んでいる時間はムダ」と開き直って、攻めに転じるしかないと考えるところ。**落ち込んで何もせずにいるより、発想の転換をして、自ら運を引き寄せる。**

　追い込まれたときに、何を考え、どう行動するか。お金持ちになれるかなれないかが、ここで決まるでしょう。

心のあり方
POOR's mind

貧乏な人は「でも」「だって」とすぐに言う

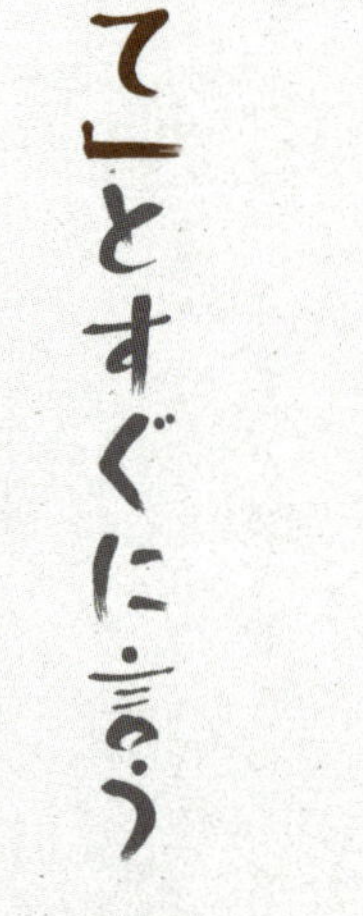

貧乏脱出マインド
できない理由を自ら探さない!

「お金持ちになれない人の特徴は?」と聞かれたら、「でも、だって」が口癖の人、と答えています。

お金持ちは「素直で正直な人」が好きです。

お金持ちは、人に感謝されることを積み重ね、感謝の気持ちが巡り巡ってお金になるとわかっているので、相手にとって有益なことを話そうとします。

それなのに、「でも、だって」と反論されたら話は進みません。

忙しいお金持ちは、いちいち反論につきあっている時間はありません。また、ムダなことが嫌いなので見切りも速く、「残念だけど、わからないんだな」と思って去るだけです。

「でも、だって」と言いたくなったら、いったん受け入れて、会話の中で「こういうときは、どうですか?」などと疑問形で聞いていきましょう。

頭からの反論は、相手の意欲を削ぎますよ!

貧乏な人は「ムリ」「難しい」とすぐに言う

ムリムリムリムリムリムリ
柄物じゃない服も着てみれば？

貧乏脱出マインド
一瞬「ムリ」と思っても、まずは「できる」と言ってみる！

お金持ちになれない人の特徴には、もう一つ、**「ムリ、難しい」とすぐに言う人、**というのもあります。

占いをしていても、「清潔感のある服装にした方がいいですよ」と言うと、すぐに「ムリ！」と返す人がいます。全然ムリなことではないのに……。さすがに「清水の舞台から飛び降りなさい」と言われたらムリですが、「清潔感のある服装」はできないことではないのに、やる前から「ムリ」と言ってしまう。

この否定から入るクセは本当にもったいない。一度「難しい」と言ってしまうと、自分の言葉を思い込み、変えたくない意地が生まれるため、結果、**「難しい」ことに自分でしてしまう**のです。

否定から入ってしまったら、すぐに「いや、ムリじゃないです」「難しくないです！」と言い直しましょう。それだけでできるようになりますから。

心のあり方
03
RICH's mind

お金持ちは「失敗」をたくさんしている

目薬をぜったい外さない道具
あれは…売れなかった……

お金持ちマインド

欠点を改善できると、より強くなる！

「お金持ちは勘が鋭いなぁ！」と思うことがよくあります。お金の匂いをかぎつける五感を持っているのです。

それができるのは、「たくさん失敗しているから」でしょう。失敗したこと、失敗から成功に転じたこと、その経験が身や心に刻まれているから、**考えるより前に感覚でわかる**のだと思います。

あと一歩！

僕は占いで、当たることより当たらないことに注目しました。当たらない人のデータを集めて当たるまで改善しました。するとあるお金持ちに、「某企業には**『欠陥に注目して改善する』**という方程式があるけど、飯田くんのやり方はそれと一緒」と言われました。あるスポーツ選手を占ったときも、「僕のダメな点を言ってほしい。**欠点を改善しないと勝てないから**」と言われました。きっとこれが勝つ人のマインドなんですね。

心のあり方
04
RICH's mind

お金持ちは「成功」をゴールと思わない

お金持ちマインド
他人から見た成功も、「すべてが通過点」と思って次を考える！

ゴールはないけど
先はなんだか
楽しそう……

お金持ちの口癖の一つに、**「すべてが通過点」**という言葉があります。僕が、「もう十分成功していらっしゃるじゃないですか！」と言っても、「成功したことなんてない」と返されます。つまり目標はあっても、成功やゴールにはこだわりがないので、皆さん簡単に「じゃあ次」と言います。

先日、ニューヨークにいる友人夫妻が日本に来ると聞いて会いに行くと、「日本で人気の飲食店を買って、それを香港、マレーシアなどでチェーン展開させて、また売却する」と話していました。

つまり儲けて終わりではなく、安く買って価値の上がるシステムにして売り、そのお金でまた何かをやる。**終わりはなくて、どんどん展開する。**資金が増えれば、また別の大きなチャレンジをする！　だからどんなに儲かっても、「すべてが通過点」でしかないのです。

その調子!!

心のあり方
05
RICH's mind

お金持ちは「肩書き」を楽しむ

よーし
徹底的に
人を
驚かしちゃうぞ♡

お金持ちマインド

自分の役割と目的をハッキリさせ、そこに全力を注ぐ！

あるパン屋の偉《えら》い女性の話です。その方がまだ販売員だったとき、ちょっとしたミスをパン職人さんに叱《しか》られてしまいました。彼女はそのとき、「売る側の苦労も知らないくせに」とムッとしたそう。すると職人さんに、「俺たちはパンを作るのが仕事だけど、君たちは売るのが仕事なんだから」と言われ、なるほどそうかと思い、パンの置き方やポップの工夫をしてみたら売れ始めた。そのノウハウを系列店に教えて、その人はどんどん出世したそうです。

「自分がもらった肩書きや職業名を大事にし、それをまっとうすればいい」。そう気づいたときから仕事が楽しくなり、自分が変わったそうです。

また別の人は、**「ただ努力しただけでは、お金持ちになれない」**と言っていました。目的は何なのか。何をいつまでにどうしたいのか。このビジョンが持てると道が開けてくるようです。

その調子!!

お金持ちは食に関して「極端」だ！

お金持ちマインド
何事も、自分の望むことを極めてしまう！

たいやき
わたしおいしい鯛焼き屋さんだけはすっごくくわしいんだ
ホワア
まず好きなものから
いいにおい

お金持ちの食の好みは極端で、めちゃくちゃグルメな人と、食にまったく興味のない人といます。

グルメなお金持ちは、日本国中のおいしいお店を知っていて、すぐに教えてくれます。先日、お金持ちの人との電話で、「今、京都にいるんです」と言うと、「京都のどこ？ ○○っていうおいしい店があるから行きなさい。電話しておくから」と、お店に連絡までしてくれ、人気のお店に入れたことがありました。**信頼できるお店をたくさん知っていると人を喜ばせることができる。**単に自分のためだけでなく、**人のためにその力を使う**のです。

一方、一流を味わい尽くした挙げ句、自分は「牛丼がいい」と食べ物に頓着せず、もっぱら人に高い食事をご馳走《ちそう》する人もいます。「栄養が入ったカプセルでいい」という**超合理的**な人もいました。どうやらお金持ちって**中途半端が嫌い**で、どっちかに振り切れている極端な人が多いみたいです。

心のあり方
07
RICH's mind

お金持ちは「遊びながら学ぶ」をしている

お金持ちマインド

お金を使いながら、お金の動きをつかむ！

「お金は、使わないと回ってこない」という話をよく聞きます。ただし、何も考えずに使っていてはダメです。**お金が流れているところで使わないといけません。**

どういうことかというと、お金を使って遊びながら、「今、お金がどこにたくさん流れているか」を知ることが大切で、そこにこそ、お金持ちになる道筋を見つけることができるからです。

先日、クラブの経営を始めたお金持ちに、なぜクラブなのかと聞いたら、「自分がクラブでお金をたくさん使っていて、そこに多額のお金が吸い込まれていくのを見たから、それなら自分でやろうと思った」とのこと。それで今成功しているのですから、その人は、**生きたお金の使い方**をしてきた人、というわけです。

お金を使いながらお金の流れを学べる人が、お金持ちになれる人です。

心のあり方
08
RICH's mind

「現状維持」をよいことと思わない

「今のままでいい」「現状維持できれば幸せ」。そう言う人がいますが、これはお金持ちは絶対にしない思考です。世の中は進化しています。そのスピードは年々加速していると言っていいほど。つまり**「今のまま」で「現状維持」をしていたら、どんどん遅れていくだけ**なんです。維持どころか、自然と周りから置いていかれます。

人間は慣れ親しんだ環境を変えることを嫌い、新しい動向を懐疑的に見がちですが、お金持ちは変わることを楽しみ、変化を恐れない人たちなのです。

お金持ちマインド

「変わる」とは進化すること。「変わらない」のは後退すること!

心のあり方
09
RICH's mind

いつまでも「昔話」をしない

「バブルの頃は〜」という昔話をする人がいますが、**過去の話をするのは、成功しない人の典型**です。「昔はモテた」みたいな武勇伝も、「昔いじめられていた」というトラウマも同類。すべてが言い訳なんです。でも本人はそのことに気づいていません。その時点でもうお金持ちにはなれません。

お金持ちは**「過去にイヤなことがあったから今の幸せがある」**と考えます。「イヤなことがあってよかった」と過去をプラスに変え、感謝の心で今と未来を生きています。

お金持ちマインド

武勇伝やトラウマは封印する!

心のあり方
10
RICH's mind

お金持ちは「ちょっと変わった人」が多い

このちょい足しけっこういける!!
あんぱん＋キムチ＋リンゴジャム

お金持ちマインド

ちょっと視点をズラして考え、行けると思えば、すぐにやってみる！

こんな質問を受けました。お金持ちが得意なのは、「これから人気が出ることを、人より早く見つけること」なのか、それとも、「人がやらないことをやって成功するまで育てること」なのか？

僕が感じているのは、**「人気があることの中で、ちょっと変なことをする人が多い」**という点です。だからちょっと変わった人が多い。

「なんでそんな変なことをしてるんですか？」とよく聞くのですが、「面白いから」という答えがほとんどです。リサーチも何もせず、まずは鋭い勘で動いてみて、理屈はうまくいってからの後づけなんです。

斬新でぶっ飛び過ぎているとただの変人で理解されませんが、ある程度ベースがある中でちょっとズラすのが絶妙にうまい。しかも、「これよくない？　じゃあ作っちゃおう」と行動も速い。だから端から見たら、ちょっと変態に見えるんです。

ガンバレ!!

心のあり方 11
RICH's mind

お金持ちの男性は「筋肉フェチ」が多い

最近のお金持ちの男性は、太った人は少なく、「筋肉フェチ」が多いです。

なぜ筋肉かはわかりませんが、美意識と自己管理の意識が高いのでしょう。ファッションはお金で買えますが、肉体美には努力が必要です。目標に向かってストイックになる人が多いので、一見すると「筋肉フェチ」に見えるのかもしれません。ただ、お金持ちの人は、**健康への意識が高いのは確か**です。マニアックな健康ネタを持っていると、お金持ちと仲よくなれますよ。

にっ
自信みなぎってるな……

お金持ちマインド
健康に対する意識がハンパない！

心のあり方 12
RICH's mind

お金持ちの女性は「エロい服」が多い

女性経営者さんなど、女性のお金持ちの方は、たいてい「ちょっとエッチなファッション」をしています。胸元の開いた服や、透け感のあるドレスなど、「女性らしさ」を前面に出しています。

つまり、**「女の武器」**をちゃんと念頭に置いて使っているのです。また、それを楽しんでいる人が多い。

お金持ちは人を喜ばせるのが好きなので、人の気持ちを盛り上げるためにも**女性の魅力を演出**します。しかも服に負けない自信があるので、とても素敵です。

私にも使えますかね？
使わにゃソンよ♥

お金持ちマインド
女性らしさを武器にして、自分でも楽しむ！

心のあり方 13
RICH's mind

お金持ちは「根がスケベ」だ！

お金持ちマインド
欲望に素直になることで喜びや楽しみを糧にする！

お金持ちの男性は、夜遊びやオンナ遊びが激しい、というイメージがありませんか？

実はここにも、お金持ちマインドが隠されています。まず、**「欲望に素直」**なところ。僕の周りにも「モテたくて」という動機で始めたことが成功につながっている人がたくさんいます。

そして、キャバクラなどで遊ぶのが好きなお金持ちは、基本的に**「人の面倒を見るのが好き」**な人です。この「面倒見がいい」という性格も、多くのお金持ちに見られる特徴です。素直でかわいくて、ちやほやしてくれる女の子がいたら、面倒を見たくなるもの。

お金持ちは素直な人が多いので、素直にモテたいと思い、モテるとうれしく、その喜びがやる気の原動力になることもあるのでしょう。

「英雄、色を好む」というように、デキる男に女好きが多いのは、欲望に素直だからでしょう。

心のあり方
14
RICH's mind

お金持ちマインド

非日常を体験することで、思考が柔軟になる！

お金持ちは「旅行」によく行く

お金持ちは休みの日に何をしているか？

僕の知る限りでは、お金持ちは旅行によく行っています。特に海や山など、自然のある場所に好んで行く人が多いようです。

誰かが言っていましたが、「**旅行に行くのは不自由を味わうため。旅先で不自由になることで、日常がどれだけ便利かを再確認できる**」とのこと。

たしかに、未知なる文化、未知なる大自然を体験すると、普通だと思っていた物事の見方が変わります。そういう視点の切り替え、発想の転換につながるきっかけが旅先にはたくさんあるのです。

お金持ちに限らず、**運気アップにも旅行はおすすめ**です。非日常を味わうと気持ちがガラリと変わります。気持ちが変わると、「気」の流れが変わります。つまり、**旅行をすることで運気を変えられる**のです。また、新しい体験は、その人を豊かにし、凝り固まった頭を柔軟にしてくれます。

心のあり方 15
RICH's mind

「自分の欠点を知りたがる」人が多い

お金持ちには、占いを活用している人がたくさんいます。ただし、普通の人と違うのは、**「悪いところを言ってくれ」**という点。いいことより、悪いことを聞きたがります。**普通の人と逆**なんです。

なぜかというと、お金持ちや成功者の周りにはイエスマンが増えるから。それを自分でよくわかっているのです。ダメ出しをしてくれる人がいなくなるという危機を感じて、客観的に悪いところを見ようとする。**率先して危機管理ができる**のはすごいなと思います。

お金持ちマインド
悪いところを占い師に言ってもらう！

心のあり方 16
RICH's mind

「不思議な話」や「占い」が好き!?

お金持ちには、占いや宇宙人など、「不思議な話が好き」という人がけっこういます。理由を聞くと、**「常にリアルな世界に生きているから」**とのこと。ビジネスの世界では、現実を見極め続けているので、ファンタジーや不思議な世界の話に惹かれるのだそう。そのせいか、**「一風変わった縁起物」**を持っている人にもよく会います。

お金持ちは物事を見極める能力が高いので、信じがたい話も面白がって聞き、冷静に判断しています。占いのアドバイスも納得すれば素直に実践しています。

お金持ちマインド
「変なこと」も否定せずに面白がる！

まとめ
01
RICH's mind

お金持ちは「徹底的に人が好き」である！

お金持ちマインド
お金も仕事も他人が運んでくることを知っている！

最後に、この章で見てきた「お金持ちに共通するマインド」についてまとめてみましょう。

お金持ちと言ってもさまざまなタイプがいますが、まず多くのお金持ちに共通するのが、**「徹底的に人が好き」**という点です。

人が好きだから、人を喜ばせたいし、人のために何かしたいと思う。面倒見がよくて、人の笑顔が見たいと思っている。そんな人が多いのです。

一方で、自分一人では成功しないこともよくわかっています。だから成功を独り占めしようとはせず、人に教えて、人を巻き込んで盛り上げていく。そうすると自分のファンが増えるのです。

人が困っているときは助けるし、自分が大変なときも助けてくれる人がたくさんいるので、お金持ちはあまり落ちることがありません。しかもサービス精神が旺盛で、持ちつ持たれつの精神を持っています。だから**人望のある人が多い**のです。

まとめ
02
RICH's mind

お金持ちは「徹底的な合理主義者」である！

お金持ちマインド
好きで得意なことがある、合理的である、品格がある、これがお金持ちの必須条件！

これまでの話にもたびたび出てきたように、**お金持ちはムダが大嫌い**です。つまり、合理的に物事を考えられないとお金持ちにはなれません。

これは「時間には限りがある」ことをよくわかっている証拠です。人生には限りがあるから、**効率よく目的を果たす方法を考え、次々とクリアしていく。**その感覚で、どんな大きなこともひるまずに、どんどん実現させていく。

そのためには**数字に敏感で、損得を見極められないといけません。**この能力に長けていながら、決して下品にはなりません。そう、**常に上品な空気をまとっている**のも、お金持ちの特徴です。

ですからお金持ちが人を見るときも、その人が**得意なことは何か、合理的か、品格があるか**を見ています。この3つは必須項目なのでしょう。

お金持ちになりたい人は、この3つを明確にアピールできると話が早いと思います。

おわりに

お金持ちは、人のために生きている!

いかがでしたか? 部屋も、暮らし方も、生き方も、ベースにはマインドがあることが見えてきたのではないでしょうか。大事なことは次の4つになります。

1. 人を大切にする
2. 合理的に生きる
3. 面白がる、楽しませる、明るく考える
4. 前向きに、上向きに、自分をコントロールする

こう書くと、あまり風水とは関係ないことと思えるかもしれません。けれども、成功してお金持ちになった人たちには、風水的にいいことをしていることに加え、共通してこのマインドが根底に流れていました。

さらにこの4つが行き着くところがあります。何だと思いますか?

「人のために生きる」です。

「円」と「縁」は一緒です。お金の円より人の縁の方が大事なんです。無一文になっても、人の縁があれば生きていけます。もしもそうなったら、助けてくれた人に感謝をして、人のために生きることで生かされていくでしょう。でも本当は、いつだってそうなのです。

お金持ちは、お金を道具と考えます。道具をどう生かすか。道具でどれだけ人を喜ばせることができるか。常にチャレンジしています。道具は目的ではありません、人を喜ばせるための手段です。それがわかると、人生が変わってくるのではないでしょうか。

ゲッターズ飯田

これまで約６万人を無償で占い続け、「人の紹介がないと占わない」というスタンスが業界で話題に。20年以上占ってきた実績をもとに「五星三心占い」を編み出し、芸能界最強の占い師としてテレビ、ラジオに出演するほか、雑誌やｗｅｂなどにも数多く登場する。メディアに出演するときは、自分の占いで「顔は出さないほうがいい」から赤いマスクを着けている。著書は、年刊分冊『ゲッターズ飯田の五星三心占い』（セブン＆アイ出版）、『ゲッターズ飯田の運命の変え方』（ポプラ社）、『ゲッターズ飯田の金持ち風水』『ゲッターズ飯田の裏運気の超え方』『ゲッターズ飯田の「五星三心占い」決定版』（以上、朝日新聞出版）など多数。

ゲッターズ飯田オフィシャルブログ
https://ameblo.jp/koi-kentei/

協力：テレビ朝日『お願い！ランキング』

ゲッターズ飯田《いいだ》の金持《かねも》ち風水《ふうすい》

2014年12月30日 第 1 刷発行
2020年 7 月30日 第23刷発行

[著者] ゲッターズ飯田

[発行者] 三宮博信

[発行所] 朝日新聞出版
〒104-8011 東京都中央区築地5-3-2
電話03-5541-8832（編集）
03-5540-7793（販売）

[印刷製本] 中央精版印刷株式会社

ISBN 978-4-02-251241-3
定価はカバーに表示してあります。

落丁・乱丁の場合は弊社業務部（電話 03-5540-7800）へご連絡ください。

送料弊社負担にてお取り替えいたします。

なお、個別の占いや鑑定には応じかねます。ご了承ください。